Armin Mueller-Stahl

In Gedanken an Marie Louise

Armin Mueller-Stahl

In Gedanken an Marie Louise

Eine Liebesgeschichte

List

Meine geliebte, große, einmalige Marie Louise,

Ich denke an Dich, weil ich niemand anderen auf der Welt habe, an den ich denken möchte. Ich hoffe, Du bist so treu, wie ich es mir wünsche. Wenn alle meine Gedanken an Dich Briefe würden, schriebe ich zwölf Stunden am Tag. Wenn alle meine Träume an Dich Briefe würden, schriebe ich zwölf Stunden in der Nacht. So ist es um mich bestellt.

Dein Mario.

Wenn er mir wenigstens in die Augen geblickt hätte, nein, er blickte auf seine dämlichen Lackschuhe. Bescheuerte Lackschuhe. Mit den Spitzen zeichnete er Kreise und Kreuze in den Kies, dann hielt er den Schuh hoch, um zu prüfen, ob Kratzer zu sehen seien. Ballyschuhe, dreihundert oder vierhundert Mark. Er trug immer irgendwelche teuren, blankgeputzten Schuhe, in Tennisschuhen habe ich ihn nie gesehen, und irgendwie war er ständig mit seinen Schuhen beschäftigt. Entweder kratzte er mit ihnen im Sand herum, oder er zog sie sich aus und stellte sie neben die Kamera, pingelig, oder er fädelte neue Schnürsenkel ein, oder er bearbeitete sie mit irgendwelchen Fetten.

Je länger ich ihn betrachtete, desto mehr begann ich mich zu fragen, ob er nicht genauso pervers war wie ich mit meinen Schuhen, ja sogar noch perverser, denn im Unterschied zu mir, der ich nur an einem Paar Schuhe besonders hing, alten, von meinem Vater, besaß er nur neue Schuhe. Er war verrückt nach allem Neuen, alles mußte immer neu sein, seine Jeans, sein Auto, seine Schuhe. Was mußte er auch mit ihnen im Sand herumkratzen, wenn er die neuen Schuhe so liebte? Aber wahrscheinlich war das die einzige Möglichkeit für ihn, sich verwegen oder am Abgrund zu fühlen. Er, ein Held, der wie ein Hahn im Sand herumkratzte und nur deswegen mit neuen Schuhen im Sand kratzte, weil er pervers war. Ein perverser Held. Und Helden fühlen sich gern am Abgrund, und nur Helden nehmen auf nichts Rücksicht, nicht einmal auf die geliebten Lackschuhe.

Ja, die Surfer, sagte er, die riskieren wenigstens etwas.

Was denn?

Was denn? Weißt du nicht, was die Surfer machen?

Nein.

Sich an der fahrenden S-Bahn festhalten, so lange es geht, S-Bahnsurfen, oder aus dem Autofenster hinauslehnen, so weit und so lange es geht, Autosurfen, oder möglichst nah an die Schiffsschraube ins Wasser springen, Schiffsschraubensurfen. Das ist spannend, mit denen möchte ich einen Film machen. Oder mit diesem verrückten Milliardär, der auf einem der höchsten Wolkenkratzer in New York mit seinem Pferd auf den Dachrand zugaloppiert, die Hufe schon über der Kante – kriegt er den Gaul noch zum Stehen oder nicht? Pferdesurfen ist auch interessant, aber nicht so spannend wie Schiffsschraubensurfen, Pferdesurfen ist ja nur Fallen und Bums.

Bei mir ist es ja nur Feuern und Bums. Ohne Grund zu feuern. Macht dir wohl Freude.

Nein.

Warum hast du es dann gemacht?

Keine Antwort.

Und wie ist es mit Lackschuhen? Lackschuhsurfen? Ist das spannend? Stellen sich Kratzer ein oder nicht? Auf den neuen Schuhspitzen? Das hätte ich ihn gern gefragt, aber ich traute mich nicht. Gesicht elfenbeinglatt, Achselhöhlen deodoriert, Füße gepudert, Haar gekämmt, Schuhe zerkratzt. Alles neu macht der Mai. Auch seine Frau war neu, nur sah sie nicht so aus. Sie kam aus New Jersey, eine stämmige Malerin in den Fünfzigern, die er in einem Motel in Kalifornien kennengelernt hatte. Die nur nach Deutschland gekommen ist, um ihn anzuhimmeln. Was eigentlich himmelte sie an ihm an? Wahrscheinlich hatte sie herausgefunden, daß Anhimmeln die einzige Möglichkeit war, mit ihm auszukommen. Dreimal war er verheiratet gewesen, zweimal geschieden, die letzte hatte eines Nachts alles ausgetrunken, was im Hause aufzutreiben gewesen war, sogar Salmiakgeist. Drei Tage später wurde sie von einem Beerdigungsunternehmer abgeholt, der den Anonymen Alkoholikern vorstand und in einem schwarzen VW-Kombi vorfuhr. Das letzte, was er von ihr sah, war, wie sie im schwarzen VW-Kombi verschwand.

Ich möchte einen Grund wissen, sagte ich.

Du bist gefeuert, das ist der Grund.

Feuern ist doch kein Grund.

Doch.

Seit wann ist Feuern ein Grund?

Seit heute, sagte er.

Ich stellte mir Holger als Hahn vor, die Brust herausgedrückt, flügelschlagend, als hätte er Hennen zu beschützen, ein Hahn in Ballyschuhen. Er hatte mich in die Flucht geschlagen, ich mußte weichen. Aber nicht, weil er der Stärkere war, sondern weil er der Mächtigere war, er konnte mich entlassen und nicht ich ihn. Leider. Aber ich hätte ihn gar nicht entlassen, das wäre mir nicht einmal in den Sinn gekommen, auch wenn ich der Mächtigere gewesen wäre. Warum hatte er mich entlassen? Weil er ein perverser Kerl war, ein verklemmter Hobbyastrologe, und die Sterne hatten ihm wohl eingeredet, daß er mich entlassen muß. Oder weil der Regisseur zwei entlassen hatte, Script und Assi, nun mußte er, der Kameramann, auch jemanden entlassen. Mich, seinen Assi. Hätte ja auch jemand anders sein können, aber nein, mich. Warum gerade mich? Ich bin kein Sympathieträger, das weiß ich, aber man kann doch nicht jemanden feuern, weil er kein Sympathieträger ist.

Er hatte eine Reihe von Kreisen und Kreuzen in den Kies gekratzt, jetzt kratzte er ein Ausrufezeichen.

Waren die Muster unscharf?

Keine Antwort.

Ich hatte ihn vor diesem Job schon mehrmals getroffen, und glauben Sie mir, es war immer zum Kotzen. In New York hatte er mich sogar zum Bier eingeladen, ins Mayflower-Hotel, und mir zwei Stunden lang erklärt, daß er genauso gut sei wie Allen Daviau, ja eigentlich noch besser, denn er müsse Filme in dreißig Tagen schaffen, während Allen drei Monate Zeit habe. In drei Monaten könne er auch Bilder zaubern, Bilder, die noch niemand gesehen habe, das könne ich ihm glauben, sagte er und schluckte sein Bier. Die Tatsache, daß er genauso gut sein könnte, aber es doch nicht war, machte ihn wütend. Wäre Allen dort gewesen, hätte er ihn beschimpft, drei Monate, das kann jeder, in drei Monaten würde ich *E.T.* gedreht haben, daß dir die Luft wegbleibt, daß du den Beruf weggeschmissen hättest wie eine vollgeschissene Windel. Vollgeschissene Windel sagte er am liebsten. Zwei Stunden lang hatte ich mir seine Angebereien anhören müssen, zwei Stunden und ein Bier, ich konnte ihn leider nicht einladen, denn ich hatte nur noch zwei Dollar in der Tasche, gern hätte ich ihn beschämt, aber ich denke, der hätte sich nicht beschämen lassen, der hätte sich von mir hemmungslos einladen lassen, auch noch zum Essen, obwohl er wußte, daß ich die drei Monate, die ich an der USC in Los Angeles Kamera studierte, mit fünfhundert Dollar bestreiten mußte, der Workshop war natürlich darin nicht einbegriffen, den bezahlte mein Vater, dreitausendfünfhundert Dollar, eine gewaltige Summe, die mein Vater ohne Murren zahlte, er zahlte immer ohne Murren, aber zum Leben könne er nur fünfhundert zahlen, klar, versteht sich von selbst, sagte ich, dabei verstand sich gar nichts von selbst, keine Ahnung, wie das klappen sollte, immer nur Pommes, aber es klappte, weil ich mir als Kellner etwas dazuverdiente, sogar die Flüge nach New York und San Francisco waren noch drin, all das hätte Holger nicht interessiert, so einer ist der, der nimmt's von jedem, egal wer's ist, deswegen würde er nie fragen, hast du eigentlich genug Knete, um mich einzuladen? Um so überraschter war ich, als er mir den Kameraassi versprach, in Berlin würde das sein, in Babelsberg, genauer Krampnitzsee, wo er einen Kinofilm drehen würde, und ob ich wolle. Er mußte wohl die großzügigste Phase seines Lebens erwischt haben, ein Bier und einen Job! Ob ich wollte? Dämliche Frage, was sollte ich mehr wollen, als das zu machen, was ich beruflich später sowieso machen wollte? Das Bier, zu dem er mich eingeladen hatte, mußte ihm in der Seele weh getan haben, deswegen mußte ich wohl seinen Zorn auf Allen ertragen.

In Los Angeles traf ich ihn in der Screen Actors Guild wieder, da lief ein amerikanischer Lowbudgetfilm, *The Last Good Time*, von Bob Balaban. Anschließend standen wir auf dem Sunset, und er gab noch mehr an, das Licht hätte viel besser sein können, viel stimmiger, und er erklärte, wie er es gemacht hätte, wenn zum Beispiel das Licht aus dem Fenster kommt, muß es auch aus dem Fenster kommen, aber hier kam es aus einer falschen Richtung, aus der Tür, und all so'n Scheiß erzählte er mir, ich sollte wohl große Achtung vor ihm kriegen. Ich dachte schon, er wollte mir wieder ein Bier spendieren, damit er seinen Frust ablassen konnte, aber das war eine Fehleinschätzung, das Geschimpfe in Los Angeles ging wohl noch auf das Bier von New York. Mit dem Bier hatte er sich das Recht erkauft, mich mit seinen Schimpftiraden zu traktieren, wo immer er mich in Amerika treffen würde. Amerika, Amerika. Die großen amerikanischen Kameramänner inspirierten ihn nicht, sie erzürnten ihn; der Neid hatte ihn vom Kopf bis zum Fuß gepackt. Er roch aus dem Mund, ich widersprach ihm nicht, wegen des Jobs in Berlin, den er mir in New York angeboten hatte, aber das sagte ich ja schon ...

Bleibt es dabei? hatte ich ihn gefragt.

Was bleibt dabei?

Das mit dem Assi.

Ja, brubbelte er knapp, gab mir nicht einmal die Hand und ging links die La Cienega hinunter, und ich dachte, na, wir werden ja sehen, ob es dabei bleibt!

Es blieb. Aber es blieb eben nicht ganz! Es blieb nur bis drei Tage vor dem Ende; etwas Gemeineres hätte er sich nicht einfallen lassen können; er nahm mir wohl übel, daß ich seine ganze kleine mickrige und miese Neiderei und Angeberei in Amerika ertragen hatte, für ein Bier.

Seine ganze Konzentration richtete sich noch immer auf diese beknackten Lackschuhe. Meine Schuhe sahen dagegen aus wie zwei Möpse, Sie glauben vielleicht nicht, daß Schuhe aussehen können wie Möpse, aber meine können es, mit den Jahren haben sie sich dahin entwickelt, wenn die Sohle herunterhinge, wie eine Zunge, würden sie wahrscheinlich zu hecheln anfangen. Links und rechts zwei Metallaugen, die Spitzen eingedrückt wie die Schnauzen der Möpse, man denkt ja auch immer, wenn man diese Hunde sieht, sie seien mit der Schnauze gegen die Wand gelaufen. Aber irgendwie sind die Schnauzen fröhlich eingedrückt, die Falten gehen an den Enden aufwärts, wie lachende Mäuler. Schuhe von meinem Vater, irgendwann einmal in der DDR gekauft. Nein, nicht irgendwann, zu seiner Hochzeit hat er sie ergattert, ergattert ist die richtige Bezeichnung, denn er hat sie getauscht, eine alte Uhr gegen die Schuhe. Er sammelte, wie viele seiner Freunde, Antiquitäten, die er hin und wieder gegen etwas Nützliches eintauschte, und schwarze Schuhe zur Hochzeit waren nützlich, ich glaube, meine Mutter hätte ihn nicht geheiratet, wenn er mit seinen ausgelatschten Schnürstiefeln auf dem Standesamt erschienen wäre. Hohe Schnürstiefel, die er sogar zu Premieren anzog. Oder zu Konzerten oder Empfängen. Er fühlte sich wohl in ihnen, weil sie ihm

Glück brachten und weil sie auf Steinböden widerhallten, er hörte seine Schritte, wenn sie aus der Ecke echoten, das war gut für sein Selbstbewußtsein. Die einzigen Schuhe, die er zu allen Gelegenheiten trug, bis meine Mutter von ihm verlangte, er solle sich zur Hochzeit schwarze Schuhe besorgen, mit diesen Schuhen nicht, die sähen so militärisch, so feindlich aus, wenn er mit denen heiraten wolle, müsse er eine andere finden, eine Perverse, die diese Schuhe so lieben würde wie er. Ich sehe in diesen Schuhen bereits unsere Ehe scheitern, sagte sie, sie seien wie ein schlechtes Gewissen!

Wieso Gewissen?

Dann eben Omen, sagte sie.

Wieso Omen, sagte mein Vater, sie haben mir immer Glück gebracht, wennschon Omen, ein gutes, immer wenn ich sie getragen habe, ist etwas Tolles passiert, jede Premiere wurde ein Erfolg, in diesen Schuhen habe ich dich kennengelernt.

Das habe ich noch nicht gesagt, daß mein Vater und meine Mutter Schauspieler sind. Kennengelernt hatten sie sich, als beide an der Volksbühne engagiert waren, in der ehemaligen DDR, Berlin, Luxemburgplatz.

Ja, sagte meine Mutter, mit diesen Schuhen bist du mir während der Orpheusproben auf die Zehen getreten, ein Schmerz, den ich nicht vergessen werde, überhaupt, mit solchen Schuhen zu proben ist rücksichtslos, von Geschmack will ich gar nicht reden. Und dann noch deine Knickerbocker und ohne Strümpfe, deine stachligen Beine, du warst die einzige

Probenniete, der ich überhaupt begegnet bin. Obwohl meine Mutter lieber nichts sagt, als sich womöglich zu streiten, sie ist tierisch harmoniesüchtig, in dem Schuhfall blieb sie hart, auch als mein Vater sie fragte, ich hoffe, dir ist klar, daß diese Uhr mindestens zweitausend Mark wert ist, willst du wirklich, daß ich sie gegen schwarze Schuhe eintausche? Du tauschst nicht schwarze Schuhe gegen die Uhr ein, sagte meine Mutter entschlossen, sondern gegen mich, und du kannst ja noch mal durchrechnen, ob ich dir zweitausend Mark wert bin! Kauf sie doch im Westen, ich habe einen Vetter, der kann sie rüberbringen, dann ist es billiger.

Nein, aus dem Westen wollte er nicht, auch nicht von einem angeheirateten fremden Vetter, nochmals nein, er war nämlich ein überzeugter Kommunist. Und überzeugte Kommunisten kauften nichts im Westen. Schon gar nicht eins zu fünf.

Später mußte man sogar eins zu zehn tauschen, aber da tauschte er, da war er schon lange nicht mehr überzeugt. Seine Überzeugung hat ihn schließlich arm gemacht. Als er aus der Partei austrat, trat er auch aus diesen Schuhen, die er gegen die wertvolle Uhr getauscht hatte, um meine Mutter zu heiraten, die eine sehr gütige Frau ist, die ich durchaus nicht immer liebe, aber gelegentlich doch, der ich mein Leben verdanke, wie meinem Vater natürlich auch, den ich auch gelegentlich nicht liebe: dennoch, ich bin überzeugt, daß mein Vater die Schuhe nie gegen die Uhr tauschte, sondern daß diese Schuhe seine alten waren, die er nur färben und ein bißchen verändern ließ, die Ähnlichkeit ist zu groß. So gesehen, hat sich meine Mutter von meinem Vater überlisten lassen, sie hat mein ganzes Mitgefühl dafür, sie hat ihn mit den alten Schuhen geheiratet, ohne daß ihre Ehe gescheitert wäre, und am Ende war sie sich treu, sie war nicht hart gewesen, sie hat sich überlisten lassen, mit ihrem großzügigen Nachgeben!

Mehr oder weniger habe ich diese Schuhe bis heute getragen. Fast immer mehr, nur einmal weniger, nämlich als ich sie in San Francisco, gleich nach dem Abitur, verloren hatte. O Marie Louise, wie gerne hätte ich die Reise nach San Francisco mit dir gemacht. Aber was nicht war, muß noch werden! Und sie haben uns beiden das Leben gerettet, im Eppendorfer Moor, aber davon erzähle ich später. Ich war baden gegangen, in der Nähe von einem Campingplatz, und als ich wiederkam, waren die Schuhe spurlos verschwunden. Zwei Monate später war ich wieder in San Francisco – ich hatte eine Freundin dort, eine ganz und gar platonische Liebe, das muß ich gleich dazu sagen, denn meine einzige Liebe war und ist Marie Louise – und wollte in einer Bar eine Cola trinken, ich bin ein Colatrinker, was meine Mutter haßt, Cola ist Gift, sagt sie, mit Cola kriegt man den Rost vom Fahrrad weg, und Rost geht nur mit Gift weg, und plötzlich trat ein Mann in die Bar, mit Cowboyhut und einer zerfransten Lederjacke und grauen fusseligen Haaren, ein bißchen wie der jüngere Bruder von Kris Kristofferson, stellte sich neben mich, bestellte sich einen

Whisky, was anderes hätte zu ihm auch nicht gepaßt, und ich dachte, der trägt meine Schuhe, werde ich verrückt oder nicht, das sind doch meine Schuhe? Was guckst du auf meine Schuhe, fragte der Kerl. Ich sagte, mit denen hat mein Vater meine Mutter geheiratet, und hätten sie nicht geheiratet, gäb' es mich nicht, mit anderen Worten, ohne sie hätten sie mich nicht gezeugt, mit noch anderen Worten, ohne sie stünde ich jetzt nicht hier in San Francisco, neben Ihnen, und würde Sie nicht meine Schuhe tragen sehen. Gefallen sie Ihnen wenigstens? fragte ich. Da lachte der Kerl, schluckte seinen Whisky, bückte sich, zog die Schuhe aus und sagte, die habe ich in einem Secondhandshop für vier Dollar gekauft.

Vier Dollar? Ist das nicht ein bißchen wenig?

Vier Dollar, sagte er. Meinst du, ich hätte hundert für diese ausgelatschten Särge zahlen sollen?

Lieber wäre es mir schon gewesen, sagte ich, für mich sind sie viel mehr wert …

Na gut, sagte der Kerl, ich gebe sie dir zurück, brauchst nur meinen Whisky zu zahlen und hundert Dollar, weil sie für dich viel mehr wert sind.

Da sehen Sie mal, was für ein absolut beknackter Geschäftsmann ich bin. Aber so beknackt war ich nun auch wieder nicht, ich bezahlte fünf Dollar, und der Kerl war zufrieden. Er blickte mich an, als sei ich ein Trottel, der ich ja auch war. Aber ich war viel lieber ein Trottel mit meinen geliebten Schuhen, als keiner ohne sie. Ich dachte, der Kerl muß verrückt sein, der muß ständig mit meinen Schuhen gegen Beton getreten sein, denn die Falten hatten sich ungefähr verdoppelt, eher mehr. Ich trank meine Cola, bezahlte den Whisky, sah den Kerl auf Socken um die Ecke biegen und ins Auto steigen. Sie glauben mir nicht? Ich gebe Ihnen mein Wort, daß die Geschichte wahr ist, daß ich so und nicht anders wieder zu meinen Schuhen gekommen bin. Auch wenn Sie den Kopf schütteln und sagen, die Geschichte ist von jemandem erfunden, der nicht mehr bei Trost ist, der nicht alle Tassen im Schrank hat, den sie mit dem Klammerbeutel gepudert haben oder wie alle diese Sprüche heißen, dann muß ich Ihnen sagen, Sie haben keine Ahnung. Diese Geschichte hätte ich einfach nicht spinnen können, nie und nimmer wäre ich auf so was gekommen.

Liebe Marie Louise,

die Geschichte meiner geliebten Schuhe habe ich Dir nie erzählt? Aber als wir damals zum Eppendorfer Moor zogen und Deine Schuhe so blitzeblank unter Deinem Röckchen hervorschossen, da blickte ich etwas deprimiert auf meine Bulldozer, weil sie so schmutzig waren. Hast Du meine Schuhe bemerkt? Sie haben uns dann das Leben gerettet, ich bin überzeugt davon. Denke also nicht schlecht über sie.

Ich liebe Dich.

M.a.r.i.o!

Aber sehen Sie, nun bin ich von der anderen Geschichte abgekommen, der Geschichte meiner Kündigung und von diesen Lackschuhspitzen, mit denen er immer noch im Sand herumkratzte. Ich bin überhaupt ein großer Abkommer. Leider. Ich fragte ihn, was habe ich verkehrt gemacht? Er ging überhaupt nicht auf mich ein, er war voll mit diesen Kreuzen und Kreisen beschäftigt, bückte sich und prüfte, ob die Kreise schön rund waren, hob den Fuß und besah sich seinen Lackschuh, keine Kratzer, Gott sei Dank, als sei er verdonnert worden, seine Lackschuhe zu versauen.

War ich unpünktlich, waren die Muster unscharf gewesen, ich wußte ja, sie waren scharf, er hatte mich sogar deswegen gelobt, hatte ich ihm dazwischengeredet oder nicht zugehört?

Was, zum Teufel, habe ich verkehrt gemacht?

Ich war überrascht von mir selbst, meine Stimme klang aggressiv, sonst bin ich nie aggressiv, ich hasse aggressive Menschen, denn ich gebe zu, daß ich nicht besonders mutig bin, vielleicht bin ich sogar feige, um ehrlich zu sein, verstehen Sie, um ganz ehrlich zu sein, müßte ich das Wort vielleicht streichen, ich bin feige.

Er kratzte Kreuze, und ich dachte, sie sehen aus, als sollte ich draufgenagelt werden.

Siebenunddreißig Tage war alles okay, und drei Tage vorm Ende werde ich gefeuert, sagte ich, warum?

Keine Antwort.

Er hob die Schultern und ließ sie fallen, drehte sich weg, hob noch mal seinen Zeichenschuh, links, betrachtete einen langen Kratzer, nun war er endlich unglücklich, was mich glücklich machte, aber auch nicht so richtig, bespuckte den Mittelfinger seiner rechten Hand und betupfte den Kratzer, als wäre Spucke ein

Mittel, mit dem man Kratzer entfernen könnte. Er hatte mir einen Satz gesagt, vor zwei Stunden, so lange standen wir da schon herum, der lautete so: Sie müssen für die Filmarbeit nicht weiter zur Verfügung stehen. Ein hinterhältiger Nachdruck auf dem müssen, das klang so, als wäre ich gezwungen worden, Kameraassi zu sein ... Dann dieses Sie, das erstemal sagte er Sie, wenn Sie verstehen, wie das klingt für einen, der immer geduzt wurde, und dann plötzlich bei der Kündigung Sie. Ich kann mir vorstellen, daß in Zukunft das Sie für mich wie ein Keulenschlag sein wird, Sie wie Kündigung! Sie wie Depression!

Am liebsten würde ich auf der Stelle im Erdboden versinken, dasselbe Kopfgefühl wie damals im Moor ... Der Kopf dehnt sich nach unten aus, der Körper besteht nur noch aus Kopf. Verschwinden im Erdboden, das ist es. Können Sie sich vorstellen, wie es ist, im Moor zu versinken? Keinen Halt unter den Füßen, es geht tiefer und tiefer, das Moor bedeckt schon die Brust, immer noch keinen Halt, dann steht es unterm Kinn, keinen Halt, Sie rufen Hilfe, dann steigt es über den Mund, Ihre Hilferufe gurgeln im Moor, die Nase hochhalten, die Nase hochhalten, und keinen Halt, Hilfe!, aber Ihre Hilferufe hört niemand, es gurgelt nur im Modder, und dann, Millimeter vor der Nase, stehen Sie plötzlich auf festem Grund, gerettet, aber wie da herauskommen? Ja, Sie können sich's vorstellen!

Dieses Gefühl des Versinkens habe ich häufig, wie beim Abi. Philosophieprüfung. Die Fragen wurden mir kurz vor der Prüfung in die Hand gedrückt. Platon, Sokrates, Entfremdung der Arbeit, ich war gut drauf, wußte alles, hätte Stunden sprechen können, am Ende sagte ein Lehrer, einer von dreien, so gründlich wollen wir es gar nicht wissen ...

Wie ungründlich wollen Sie es denn wissen? dachte ich. Kopfgefühl! Der Kopf dehnte und streckte sich nach unten, mit dem Kinn verschwand ich bereits im Erdboden, ich schämte mich. Aber warum? Ich war gut gewesen, hatte alles gewußt, wieso schämte ich mich? Eine Vier, sagte einer der Herren. Wieso eine Vier? Sie hätten die Fragen kürzer beantworten können! Wie kurz hätte ich sie für eine Eins beantworten müssen? dachte ich. Warum habe ich das nicht laut gefragt, warum war ich zu feige? Immer mache ich mir Vorwürfe, hinterher, aber ich bin so ein Typ. Die richtigen Antworten fallen mir sowieso immer erst hinterher ein, meistens, aber in diesem Falle hätte ich sofort fragen müssen, aber, aber ... ich bin eben feige, immer überlege ich, was das für Folgen haben könnte ... Das ist Christoph noch nie passiert ...

Holger drehte sich auf seinen Lackschuhen langsam um, der Kies knirschte, ich sah seinen Rücken, wie in Los Angeles, als er die La Cienega hinunterging, die Schultern abfallend, die Hosen in den Knien, wieso darf ein so häßlicher Mensch einen rausschmeißen, dachte ich, darf ein Mensch, der für die Schönheit zuständig ist, selbst so häßlich sein? Sprechen Sie mit dem Produzenten, rief er. Darauf wäre ich auch gekommen, antwortete ich, aber mehr für mich. Ich schaute seinem Gang zu, der lächerlich aussah, große Schritte, lange Arme, ein Hahn, ein Gockel, der sich zum Affen mauserte, dachte ich und spürte plötzlich, daß mich der Hemdkragen drückte. Am Kehlkopf. Ich konnte mich nicht erinnern, den obersten Knopf zugemacht zu haben, wann? Ich mache ihn nie zu, ich hasse es, wenn der Hals wie eingeschnürt ist, deswegen trage ich nie Schlipse, und wenn, wie zur Abifeier, lasse ich den obersten Knopf auf, den Schlipsknoten unten, ordentliche Schlipse hasse ich, ein Knoten am Kehlkopf, wie ehrgeizige Angestellte, nix für mich. Christoph kann das, der zieht den Knoten hoch und fest, wie bei seiner Philosophieprüfung, läßt auch die Schnürsenkel nie offen, aber ihm steht das, ich würde bei ihm nie denken, ein ehrgeiziger Beamter! Dazu ist er viel zu intelligent. Christoph ist der einzige Mensch in meinem Leben, dem ich vertraue, dem ich alles anvertraut habe, meine geheimsten Gedanken, der von allen Menschen, die ich kenne, der bemerkenswerteste ist. Doch wenn ich an Marie Louise denke? Vertraue ich ihm dann immer noch? Nur er, wirklich nur er, hätte Marie Louise verdient, nur ihr, wirklich nur ihr, wäre ein Mann wie Christoph zu gönnen, aber nur mir, wirklich nur mir, gehört Marie Louise! Mit wem würde ich auf eine einsame Insel ziehen? Natürlich mit Marie Louise! Von Christoph habe ich alles für den Kopf mitbekommen, von Marie Louise alles für das Herz! O Christoph, o Christoph, o Christoph …

O Marie Louise, o Marie Louise, o Marie Louise!

Christoph hatte in Philosophie eine Eins bekommen, was denn sonst, er bekam immer nur Einsen, eine Fünf, glaube ich, hätte ihn vergnügter gemacht als diese ständigen Einsen, diese ständigen außergewöhnlichen Leistungen, die er anscheinend aus dem Hemdsärmel schüttelte, er lernte schon nicht mehr, um Gerechtigkeit, sagen wir mal, zwischen ihm und mir herzustellen, aber da war nichts herzustellen, er lief mir in puncto Leistungen davon, wie ein Windhund ... Und natürlich, in Philosophie bekam er eine Eins, obwohl er viel weniger gewußt hatte als ich, er hatte sich nichts, aber auch gar nichts noch einmal angesehen, er wollte das Schicksal herausfordern, sagte er mir, aber es hatte sich nicht herausfordern lassen. Ich sehe ihn vor mir, wie er herauskam, die Ohren zwar gerötet, aber in Siegerpose, wie er mich anblickte, er wußte, daß ich eine Vier bekommen hatte, und du? fragte ich, obwohl die Frage überflüssig war, ich hoffe, eine Vier, sagte er. Dabei zuckte er mit den Schultern, als täte es ihm leid, aber er frohlockte, wenn Sie wissen, was Frohlocken ist, er hielt mit der niederträchtigen Wahrheit nicht zurück, man konnte es seiner Haltung ablesen. Was hätte er auch tun können, wenn es ihm wirklich leid getan hätte? Mich traurig ansehen? Mich bemitleiden? Hättest du mal wie ich nichts gelernt! Nein, nein, was er macht, macht er schon richtig, bei ihm fällt mir immer ein: and the winner is?

Dann zog Holger von dannen, mit seinen hängenden Jeans, seinen langen Armen und großen Schritten, und mir ging es schlecht. Und immer wenn es mir schlechtgeht, schreibe ich Briefe an Marie Louise. Ich muß schreiben, ich muß schreiben, dann geht es mir besser. Rausgeschmissen. Ich hob meine Arme, nagelte mich auf Holgers Sandkreuze und hatte Mitleid mit mir. Denn ich wollte den Job, unbedingt, meine erste Arbeit, erstes Geld, mit zwanzig, wollte gut sein, ich bin ehrgeizig, der größte Büffler der Klasse, hat als erster einen Job, cool, besonders Christoph gegenüber war mir das wichtig. Auf dem Wege zum Kamerabus stellte ich fest, daß ich schon wieder den obersten Kragenknopf zugemacht hatte, ohne es zu bemerken, als wollte ich mich quälen, dabei entwarf ich in meinem Kopf den tausendsten Brief an Marie Louise.

Liebste Marie Louise, mein Louischen, mein Louiselouischen!

Von hier bis zum Kamerabus ist es etwa eine Minute zu Fuß, ich nutze die Zeit, um Dir zu sagen, daß ich Dich liebe, wahnsinnig liebe, und wenn es mir schlechtgeht, noch wahnsinniger. Ich blicke in die Luft und sehe meinen Brief zu Dir nach Hamburg segeln, unfrankiert, ungestempelt, ohne Couvert, und er erreicht Dich im selben Augenblick, wo es mir so schlechtgeht.

Stelle bitte einen Stuhl mitten in die Küche, und denke Dir, ich säße da und sähe Dir zu, wie Du ins Honigbrötchen beißt. Und dann denke auch, ich fühle mich bei Dir tausendmal wohler als in diesem grauen Babelsberg, das mir seine kalte Schulter zeigt, besonders dieser Affe von Mensch, Holger, der Kameramann, aber das ist nicht wichtig, wichtig ist, daß Du den Stuhl mitten in die Küche stellst, damit Du darüber stolperst, so bin ich am sichersten, daß Du mich nicht betrügst, denn ich passe auf. Ich sitze da und bin nicht hier, fünfundzwanzigtausend Küsse meiner blauen, regendurchnäßten Hamburgblume.

Mario.

Ich saß genau hinter Holger, in diesem vergammelten Kamerabus. Er hielt den Fuß nach hinten und hatte ihn auf die Zehenspitzen gestellt. Ich sah auf diese rötlich-braungelbliche neue Sohle, auf der sich der Dreck wie ein Strickmuster abbildete, sah auf seine abfallenden Schultern, denen man ansehen konnte, daß er sich wichtig vorkam, weil er seinen Assi gefeuert hatte, sein grauer Schädel, in dem er diese Gemeinheit gegen mich ausgeheckt hatte, flog, von Schlaglöchern erschüttert, mal nach links, mal nach rechts, wenn er doch ein bißchen heftiger fliegen und an die Scheibe knallen würde!

Ich stellte mir vor, wie Christoph sich in meiner Situation verhalten hätte. Erstens hätte er sich nie und nimmer mit Holger stundenlang hingestellt und auf dessen bescheuerte Lackschuhkritzeleien geguckt, wenn bei dem Gespräch nicht etwas herausgekommen wäre. Zweitens wäre Christoph sofort zum Produzenten gegangen. Den hätte er überzeugt, daß Holger ein Lügner ist. Oder er wäre drittens zum Regisseur gegangen, hätte sich über Holger beschwert

und Argumente und Gründe gefunden, die den Regisseur überzeugt hätten, daß Holger der falsche Kameramann ist. Holger wäre gekündigt worden. Christoph findet immer Gründe! Vielleicht wäre er viertens auch gleich zu Frau Thurmer gegangen und hätte sich sein Geld auszahlen lassen.

Aber bei Christoph hätte es meine Situation erst gar nicht gegeben. Ich halte es für ausgeschlossen, daß ihm gekündigt worden wäre. In hilflosen Situationen kann ich mir Christoph einfach nicht vorstellen. Ihm fällt immer etwas ein, die Karre aus dem Dreck zu ziehen. In Literatur, ich hasse Literatur, in der letzten Klasse sollten wir uns vorbereiten auf Céline, diesen französischen Schriftsteller, der die Juden haßte und die Nazis liebte, Sie wissen schon, der Dichter, der sich einen Dreck aus anderer Leute Meinung über Moral und Haltung und Glaubwürdigkeit in der Dichtung machte. Weil ich, wie ich schon sagte, ein Büffler bin und mich verbessern wollte, von Drei auf Zwei, hatte ich mich ausführlich vorbereitet. Christoph, weil er sich nicht vorbereitet hatte, weil er sich nicht verbessern konnte, er war ja überall auf Eins, drehte das Thema nach seinem Wunsche und sprach über Walser und Stadler, über Sprache und Stil. Dr. Hornig folgte Christoph auf der Stelle, und ich saß mit meiner ganzen dämlichen Vorbereitung wortlos da, bis mir der Kragen platzte und ich die beiden unterbrach, ich möchte gern über Céline sprechen, sagte ich, ich habe mich gründlich vorbereitet und möchte meine Zensur verbessern. Da ist der Hornig richtig unverschämt geworden, hat plötzlich angefangen zu brüllen, du hörst doch, daß wir uns über Sprache und Stil unterhalten, und entweder du kannst dazu auch was sagen oder nicht. Wenn nicht, halte gefälligst die Klappe … Und Christoph? Er blickte mich in der Pause verständnisvoll an, das war vom Hornig eine Sauerei, sagte er …

Dr. Klebe, den Produzenten, erwischte ich beim Rockzipfel, er stieg gerade in seinen Mercedes.

Kann ich Sie einen Augenblick sprechen? fragte ich.

Nein, antwortete er mit seiner krächzenden Stimme, krächzend vom vielen Geldzählen, heute nicht, sprechen Sie mit dem Kameramann.

Tür zu. Weg. Christoph hätte er nie so stehenlassen, nie.

Ich rief ihm hinterher: Der sagte gerade, ich solle mit Ihnen sprechen, und was heißt heute nicht, wollen Sie vielleicht morgen mit mir sprechen?

Das Nachrufen hätte ich mir sparen können, er hörte mich sowieso nicht, auch wenn er mich gehört hätte, es hätte nichts gebracht, ich hatte es ihm ansehen können, sein Urteil war gefällt, ich flog.

Ich ging zu seiner Sekretärin, Frau Thurmer, die zwar stets unausgeschlafen aussah, aber die ich mochte, weil sie freundlich war, beinahe wie eine Mutter. Nebenbei gesagt, es hätte mich sehr interessiert, warum sie immer so unausgeschlafen aussah. Kummer? Eheprobleme? Krankheit? Wie viele Schläge hat sie in ihrem ungefähr vierzigjährigen Leben aushalten müssen? Viele, dachte ich, es erwischt immer die Verkehrten. Und dann noch Dr. Klebe, bei ihm Sekretärin zu sein genügte schon, um so auszusehen, wie sie aussah.

Hier, sagte sie und gab mir einen Brief.

An ihrem trostlosen Gesichtsausdruck richtete ich mich wieder auf, wollte sie mit meinem trostvolleren aufrichten, aber als ich meine Hände sah, wie sie zitternd den Brief öffneten, war's vorbei, ich setzte mich, mein Gott, das Herz raste, und meine Beine zitterten, ich las, und was ich las, verschlug mir den Atem, falls der Atem verschlagen werden kann. Blöder Ausdruck. Ich wurde gekündigt, weil meine Muster unscharf gewesen seien, so stand es hier, schwarz auf weiß, ich blickte nach oben, auf die Balken, ob sie sich biegen würden. Dieser Dr. Klebe, eine deutsche Ausgabe der gemeinsten Sorte Mensch, log drauflos, ohne eine Andeutung von Scham. Wenn er sich wenigstens bei Holger erkundigt hätte, eine Frage gestellt hätte, aber nein, es machte ihm nichts aus, vor mir als Lügner dazustehen, wer bin ich schon? Ein Assi, dem man unbeschadet ins Gesicht lügen kann!

Es handelte sich um dieselben Muster, die Holger wegen ihrer Schärfe so außerordentlich gelobt hatte, sagte ich laut.

Sprechen Sie nicht mit ihm, Frau Thurmer zeigte auf Klebes Zimmer, sprechen Sie mit Holger, sagte sie.

Aber das habe ich, zwei Stunden haben wir uns ausgeschwiegen, sagte ich und dachte an diese bescheuerten Kreuze im Kies. Ich las noch mal, erwartete einen anderen Inhalt, eine Entschuldigung für die Lüge, Lieber Mario, müßte jetzt in dem Brief stehen, das mit den Mustern war natürlich ein Witz, das mit der Kündigung selbstverständlich auch, Sie müssen verstehen, wir vom Film spielen mit Ideen, spielen mit Geschichten, auch mal mit gemeinen, um die Reaktionen zu erforschen, wir wollten sehen, wie Sie sich verhalten, wenn Sie gekündigt werden. Verstehen Sie doch Spaß! Und jetzt müßte einer von diesen Fernsehleuten kommen, die für diese Sendung zuständig waren oder sind, und müßte über die Schulter von Frau Thurmer blicken, und auch Holger und Dr. Klebe müßten kommen, alle würden sie lachen und feixen, und ganz allmählich würde ich auch feixen, Saubande, ihr seid schon eine Saubande, mir mit so was zu kommen, würde ich sagen, und dann müßten die Sektkorken an die Decke knallen, wie zu Silvester, wir wollten doch nur darauf anstoßen, weil deine Muster immer scharf waren! Prost!

Ich schob den Brief, ohne ihn zusammengefaltet zu haben, in die Westentasche, nickte Frau Thurmer zu und verließ das Büro so wütend, daß ich vergaß, nach meinem Geld zu fragen. Weg von diesem Geldtyp, diesem Dr. Klebe, weg aus seinem Dunstkreis, das ist seine Methode, man läßt die Leute bis drei Tage vor Drehschluß arbeiten, dann kündigt man ihnen oder wechselt sie aus und spart deren Gehälter. Es ist zwar nicht viel, zu einem Dinner mit wichtigen Leuten langt's allemal. Wie der buckeln kann, wenn ein wichtiger Typ kommt, da kann man das Kotzen kriegen. Und wenn die kleinen Chargen kommen? Keinen Händedruck, wenn schon Hand, dann wenigstens ohne Gegendruck, dazu ein blasiertes Lächeln, aber nur kurz, dann Anweisungen, Lächeln, Anweisungen, Lächeln. Das Lächeln, ein Routinevorgang in seinem glatten Gesicht, es kommt, es geht, kein Gefühl dahinter. Grimasse!

Frau Thurmer kam hinterhergelaufen und sagte, nehmen Sie sich das nicht so sehr zu Herzen, das ist so beim Film, außerdem sind Sie ja nicht der einzige, der Regieassistent und das Script sind auch ausgewechselt worden, die haben sich gar nichts draus gemacht. Beide haben schon wieder einen Job.

Schon gut, schon gut, aber ich hab' keinen, und ich krieg' auch keinen, dies war mein erster, verstehen Sie? Wenn die hören, daß ich nicht in der Lage war, die Schärfen zu ziehen, bei meinem ersten Job, dann war es das.

Ich kann mir nicht vorstellen, daß Frau Thurmer Christoph auch so mütterlich behandelt hätte. Christoph hätte wahrscheinlich gesagt, Frau Thurmer, das ist sehr freundlich von Ihnen, daß Sie wie eine Mutter zu mir sind, aber ich brauche Ihre Gefühle nicht, sparen Sie sie auf für einen anderen, ich brauche und will nur mein Geld! Und das sofort, überweisen Sie es heute noch.Vielen Dank!

Was kann ich dafür, sagte ich, wenn es denen nichts ausmacht, mir macht es etwas aus, überhaupt, die Muster waren so scharf, wie sie nur scharf sein können ...

Versuchen Sie es leichtzunehmen, sagte Frau Thurmer.

Ich versuche es, aber es hilft nichts, antwortete ich. Ich bin wütend, aber wenn sich die Wut gelegt hat, kommt's nach, ich kenne mich, und dann bin ich deprimiert, und das ist viel schlimmer als wütend ... Was ist mit meinem Geld?

Haben Sie noch nichts bekommen?

Nur die Diäten.

Ich spürte wieder das Kopfgefühl. Frau Thurmer legte mir ihre Hand auf die Schulter, beinahe hätte ich angefangen zu weinen, legt mir einfach die Hand auf die Schulter, in meiner Verfassung sollte sie das nicht tun.

Ich werde mich um Ihr Geld kümmern, sagte sie, Ihre Kontonummer haben wir doch?

Ja.

Sie müssen sich das nicht so ... Ich will Ihnen nur helfen ...

Das stimmte. Man sah es ihr an, daß sie mir helfen wollte. Vielen Dank, sagte ich, im Ernst, vielen, vielen Dank.

Liebe Marie, liebes Louischen,

an alle beide schreibe ich, weil Du ja mindestens zwei bist, aber meistens noch viel mehr. Ich bin in einen gemeinen Wirbel von Unannehmlichkeiten geraten, der mich ins Erdinnere ziehen will, weg von dieser ungerechten Welt, aber nur mit Dir. Ohne Dich leiste ich Widerstand.

Wenn der Papst, der miese Paul der Zweite, nicht so ein alter reaktionärer Knochen wäre, würde ich mir bei ihm, natürlich nur mit Dir, und Du müßtest ohne Unterwäsche erscheinen, den päpstlichen Segen abholen, um einem gewissen Dr. Klebe, den Hals durchschneiden zu dürfen, das könnte dieser alte Knacker aus dem Vatikan doch für mich tun. Und für Dich! Laß Dir bitte auch was einfallen! Vielleicht fällt Dir was Besseres ein, als nur den Hals durchzuschneiden. Es sollte tierisch schmerzen.

So will ich den ganzen Tag keinen anderen Gedanken im Kopf haben als den, den ich nie loswerde. Genaugenommen sind es ja zwei Gedanken. Weg mit Dr. Klebe, und der zweite… Du weißt schon, welcher…

Mario.

PS. Ich komme vom Thema noch nicht los. Ich klebe an diesem Dr. Klebe. Ich verlange Krieg, um diesem Halunken … Sie suchen ja heute überall den Krieg, nicht nur in Lima und Johannesburg, in Bombay und Rio, sondern auch in Paris und Berlin und vor allem in Babelsberg. Überall finden dauernd Massaker statt, und die Menschen sehen tatenlos zu! Sie sehen noch tatenloser zu beim gemeinsten Massaker, das es auf der Welt gibt: einfach ohne Grund gefeuert zu werden! Ohne Grund. Also, was ist schon mein Verlangen nach Krieg, um einen miesen Halunken über die Grenze zu befördern, gegen die tierische Gemeinheit, einen friedfertigen Menschen, auch noch beim ersten Job, wegen angeblicher Unschärfen zu feuern. Hinab mit ihm in den Orkus! Adieu, Dr. Klebe. Adieu auch Holger, diesem hinterfotzigen Lügner. Da kann er mitsamt seinen neuen Lackschuhen schmoren, bis ihn nicht einmal mehr die Enten schlabbern. Nur Dir, Marie Louise, Dir möchte ich fünfunddreißig Minuten die Nasenspitze küssen und alles andere auch.

Mario.

Holger stand mit der Beleuchtertruppe zusammen, vor dem großen Eingang der Haupthalle, Marlene-Dietrich-Halle heißt sie jetzt. Da mußte ich leider vorbei. Ich wollte mich an ihnen vorbeidrücken, wir hatten uns ja ohnehin alle nicht voneinander verabschiedet, warum sollten wir es jetzt tun.

Ich bin vielleicht zu vielen Blödheiten fähig, aber Holger noch mal versuchen umzustimmen, zu betteln, vielleicht noch mal seine Lackschuhe Kreuze in den Kies zeichnen zu sehen, Gott sei Dank, hier war Asphalt, nein, lieber würde ich aus dem siebzehnten Stock springen! Schon wie er dasteht, dachte ich, wie ein Diktator, so ragte er aus seiner Truppe hervor, obwohl er der Kleinste war. Mein Rausschmiß hat ihm gutgetan. Der Regisseur, auch so ein Machtfuzzi, der Meister Scheibner, hatte zwei gekündigt, Holger einen, das Machtgleichgewicht zwischen beiden war wieder hergestellt, ich war also ein Opfer für das Machtgleichgewicht von zwei Arschlöchern! Holger, Holger! Du vollgeschissene Windel! Also gut, ich will das Opfer sein, wenn ich dir nur nie wieder in meinem Leben begegnen muß! Nirgendwo auf der Welt. Und die Beleuchtertruppe? Die Kameratruppe? Würden die sich von mir verabschieden, wenn ich jetzt hinginge und sagte, ich möchte mich verabschieden? Nein. Das sind Kerle mit starkem Charakter, die ertragen jede Ungerechtigkeit, bis auf die, die ihnen zustoßen könnte, besonders Egon, der Beleuchtungschef, ist so, wie er aussieht, krumm, schmutzig, mit Augen, die einen nie ansehen, besonders schön ist er, wenn er mit vollem Mund Anweisungen erteilt, und den Mund hat er fast immer voll. Ich würde nie auf den Gedanken kommen, mit vollem Mund zu reden ...

Dann ging ich doch hin, etwas zog mich, was hatte ich zu verlieren? Christoph würde folgendes tun, dachte ich, und das werde ich auch tun.

Holger, sagte ich, Dr. Klebe meinte, ich solle mit dir sprechen. Christoph würde sich einen feuchten Keks um das Sie von Holger kümmern und ihn weiter duzen.

Er blickte auf seine Lackschuhspitzen, vergeblich, keine Kreuze, keine Kreise, hier ist kein Kies, hier ist Asphalt, dachte ich ...

Ich bin nur für gute Bilder zuständig, sagte er zögernd.

Und wer ist für mich zuständig?

Ich jedenfalls nicht.

In dem Kündigungsschreiben steht, die Bilder, die du so scharf fandest, was sie ja auch waren, seien unscharf, findest du, daß die scharfen Bilder von neulich heute unscharf geworden sind?

Ich blickte ihn an, Holger blickte nicht zurück, ohne ein weiteres Wort zog er ab, verdrückte sich, wieder sah ich seinen Rücken, ich hatte ihm von seinem Wohlgefühl genommen, auch Egon und seine Truppe dröselten sich auf, wie ein Wollknäuel, wurden weniger, bis sie verschwunden waren.

Ich blieb stehen. Ohne mich hätte es kein Aufdröseln gegeben, ich war zur zentralen Figur aufgerückt, man drehte sich von mir weg, ich war die Macht! Der

Diktator, der Kündiger floh. Danke, Christoph! Dann doch noch ein Abschied. Der zweite Kameraassi, Poller, wie er genannt wurde, war der letzte der abhauenden Truppe. Er drehte sich nicht um, das könnte ja bemerkt werden, zog die rechte Hand aus der Tasche und wedelte mit der Handfläche, das sollte wohl ein Abschiedswinken sein …

Mariechen, meine nasse Schneckenblume, meine Walderdbeere,

gehe nie zu einem andern, verlasse mich nie, ich brauche Dich, besonders jetzt, wo es mir gar nicht gutgeht. Aber ich werde es nie zugeben, daß es mir schlechtgeht, das wirst Du nicht von mir hören, denn wenn Du mich bemitleiden würdest, ginge es mir noch schlechter. Also, das ist ein Brief an Dich nur für mich. Ich habe Dich lieb und zum Fressen gern, ich lasse Dich auf meiner Zunge zergehen, dann schlucke ich Dich, so weiß ich, daß ich Dich ganz und gar habe, Du mir nicht entkommen kannst, vor allem nicht zu Christoph. Nein, Louischen, das würdest Du doch nicht tun! Mit Christoph? Aber ich plage mich mit diesem Gedanken herum, und es gelingt mir nicht, ihn loszuwerden.

Nun zu etwas anderem. Was kostet ein Killer? Mehr als zwei Bier? Hast Du eine Ahnung? Über den Preis muß man schon sprechen, wenn der Papst, der alte Geizkragen, bei seinen Reisen ist er mehr als spendabel, mir die mir zustehenden beiden Halsdurchschneidungen nicht genehmigen sollte … Was, wenn ein Killer mehr kostet als zwei Bier? Mehr als zwei Bier sind die beiden doch nicht wert! Was dann? Soll ich etwa noch großzügig sein? Bei denen? Soweit

kommt's noch. In die Trashcan mit beiden, auf meinem Macintosh ist links unten, nein, rechts unten, die Trashcan, dahinein mit beiden, go to file, empty trashcan, und beide sind weg, für alle Ewigkeiten, das wäre die Lösung …
Mario.

Bis zur S-Bahn ging es mir gut, kaum saß ich, ging es mir wieder schlecht, mein Hochgefühl hatte mich verlassen. Ich blickte auf die Bäume, die am Fenster vorbeiflogen, daß Bäume sich so schnell bewegen können, so flitzen können, kein Hase ist so schnell. Wenn ich die Augen zukniff, flogen sie noch schneller, Flitzeichen, Flitzbuchen, Flitzkastanien, Flitzfichten, dazwischen Telegraphenmasten, Häuser, die Welt flitzte an mir vorüber. Nur ein dämliches Auto hielt dagegen, die Avus hoch!

Dann dachte ich an die Thurmer, daß ich sie morgen unbedingt anrufen muß, was mit meinem Geld geworden ist. Nicht einen Pfennig will ich denen schenken. Denen ist genau richtig, keiner ist anders, keiner ist besser. Denen. Die Welt ist voller Arschlöcher. Ja, ich bin ein Menschenhasser, nicht wie Charles Bukowski, der aus seinem Haß Knete machte, sondern wie Mario, dem die Menschheit unentwegt in die Fresse gehauen hat; die einen so großen Unterschied zwischen Christoph und Mario macht, die sich nicht schämt, beide so ungerecht zu behandeln, Christoph kriegt alles, Mario nichts. Christoph kriegt Einsen, Mario Fünfen, Christoph hat bei den Damen Chancen, Mario nicht … Deswegen wäre ich viel lieber Christoph als Mario. Ich stellte mir vor, ich wäre Christoph, und Christoph wäre Mario. Ausgleichende Gerechtigkeit. Wie würde er sich fühlen, ohne Grund gefeuert worden zu sein? Wie würde er sich fühlen, wenn ich, Christoph, ihn mit Marie Louise betrügen würde? Wie würde er sich fühlen, immer nur Fünfen bekommen zu haben, und wie würde er sich fühlen, vielleicht nie wieder einen Job zu kriegen? Ich weiß, ich weiß, ich sollte aufhören, aber ich kann nicht. Ich wäre nun mal lieber Christoph. Adieu, Mario, verschwinde, ich bin nicht mehr ich, du kannst mir gestohlen bleiben. Ja, anders wäre es nur, wenn Marie Louise gerade diesen armseligen Mario aus Hamburg-Eppendorf lieben würde, ja dann … dann wäre dieser Mario ja auch nicht mehr armselig, im Gegenteil, er wäre der reichste Mann auf der Welt, er würde sogar auf die beiden Halsdurchschneidungen verzichten, er würde sogar dem Dr. Klebe erlauben, weitere Gemeinheiten zu begehen, was anderes als Gemeinheiten fällt ihm sowieso nicht ein, auch Holger dürfte weiter kündigen … Ich bin nur noch so lange Mario, bis ich weiß, ob sie mich liebt. Meine Marie Louise, die vielleicht gar nicht meine ist. Wenn nicht, hau ab, laß dich nie wieder blicken, dann bin ich Christoph, einen Mario aus Eppendorf, der einmal in seinem Leben Kameraassi war, hat es nie gegeben. Möchte bloß wissen, wieso ich unbedingt Kameramann werden will. Um mich mit gemeinen Menschen herumärgern zu müssen? Um blöde Künstler durch ein kleines Loch beobachten zu

können oder zu müssen? Überhaupt, ich kann sprechende Münder nicht leiden. Dieses Auf und Zu ist eklig. Sollte ich mal Filme machen, dann keine Köpfe von vorn, nur von hinten. Hinterköpfe. Soll sich das Publikum doch die Gesichter vorstellen und die entsprechenden Körper. Nur Rücken würde ich zeigen. Die lügen nicht. Nur Hinterköpfe. Die lügen auch nicht. Gehen Sie mal in ein öffentliches Bad, wenn Sie die Rücken der Leute sehen, die Hinterteile, glauben Sie mir, wenn die Leute sich von hinten sehen würden, sie kämen gar nicht auf den Gedanken, in ein öffentliches Bad zu gehen. Das ist ja das Wunderbare, man sieht sich ein Leben lang nur von vorn. Nie von hinten. Haben Sie schon mal darüber nachgedacht? Wenn ich Maler wäre, würde ich Menschen nur von hinten malen, ich schwöre es Ihnen. Von vorn nur Geisteskranke. Die lügen nicht. Nur bei dir, Marie Louise, ist alles anders. Wie oft habe ich dich von hinten gesehen, um eine Ecke verschwinden, und dich noch mehr geliebt. Dein Körper sagt die Wahrheit, nicht wahr? Von allen Seiten, und wenn dein Mund sich bewegt, soll er ich liebe dich sagen, zu mir, Mario, deinen Mund liebe ich, wenn er sich bewegt, ach, Marie, ich liebe alles an dir. Alles, alles! Gott sei Dank bist du Wirklichkeit und keine Kunst, die geht mir nämlich auf den Keks. Ich verabscheue sie, jede Art von Kunst, vielleicht hat das damit zu tun, daß ich meine Eltern schon von klein auf über Kunst habe sprechen hören und immer andächtig, immer unterwürfig, als sei Kunst schon an sich etwas

Heiliges! Der ganze Theaterkram, den ich täglich mitanhören mußte, ging mir so auf den Geist, daß ich alle Regisseure, Dichter, Schauspieler wie die Pest haßte. Aber auch die großen Meister der Leinwand, nicht Kinoleinwand, die Maler, die Götter des Geschmieres, die Scharlatane des Bleistifts wie diesen Janssen, den meine Mutter genial findet und den ich zum Kotzen finde, besonders seine halbfertigen Bleistifterzeugnisse, die man auf jeder Pißbude, bei jedem Krümelkacker sehen kann, haben Sie mal seinen bunten Andy Warhol gesehen, ein Scharlatan zeichnet den anderen, der Zusammenhalt der Schmiergenies? Diese Verlogenheit unter den Künstlern, die ist nicht zum Aushalten, worauf bilden die sich eigentlich etwas ein? Daß sie niemand versteht? Daß sie alle so einmalig sind, so anders, so unangepaßt, so genial? Ich habe noch nie so angepaßte Leute wie unter den Künstlern gesehen, denn um als Genie anerkannt zu werden, muß man sich der Menschheit geradezu auf die Füße legen, widerlich! Man muß sich anbiedern bis zur Selbstaufgabe, bei andern Genies, den Genieentdeckern, damit man als Genie anerkannt wird. Die Genies sind die angepaßtesten Wesen, die es gibt auf der Welt, die charakterlosesten Wesen, die den Erdball bevölkern. Jede Schabe, jeder Kakerlak hat mehr Würde, wenn man bei einem Kakerlaken von Würde sprechen kann.

Ich dachte an Meeresschwanz, meinen schwindsüchtigen Klassenkameraden, der Dichter werden wollte und glaubte, Henry Miller zu sein. Er krakeelte mit seinem Vater, der von ihm verlangte, den Rasen, den sie nicht hatten, mit der Nagelschere zu schneiden, und wenn ein Halm, one hair, darüber war, kriegte er Prügel, die er nicht kriegte. Dabei war das mit dem Rasen gar nicht Henry Miller, sondern Charles Bukowski. Er hatte auch keinen Vater, er war Waise. Er war Leichenwäscher, verkaufte Kamelhaarkutten und vergewaltigte Kardinäle und Nonnen und den Moor! Er lebte sich so in Henry hinein, daß er glaubte, er zu sein, und alle Welt glauben mußte, er, Meeresschwanz, sei nicht Herbert Meeresschwanz, er, Meeresschwanz, sei Henry Miller. Und jedermann müsse es ihm ansehen, daß er Henry sei. Er knautschte sein Gesicht, trieb's mit Nutten, soff Whisky, aber vertrug keinen, er mußte gleich kotzen, armer Herbert Meeresschwanz, wo bist du jetzt? Ich denke, in Bayern oder im Schwarzwald, seine Mutter zog mit ihm fort, weil er so blaß war ... Der einzige, der von Herbert respektiert wurde, war Christoph.

In Wannsee waren drei jugendliche Glatzköpfe zugestiegen. Ich überlegte, ob ich umsteigen sollte in einen anderen Wagen, aber wie? Zwischen Wannsee und Nikolassee ist eine lange Strecke, und eigentlich wollte ich auch nicht umsteigen, wenn sie etwas vorhatten, dann sowieso auf dieser Strecke, passiert es jetzt nicht, passiert es doch in Zukunft; Hamlet, hundertmal von meinem Vater gehört; und da war wieder mein Kragenknopf, hatte ich ihn schon wieder zugeknöpft? Ich öffnete ihn und dachte darüber nach, ob sie Waffen in ihren Lederjacken versteckt hatten und ob es mir egal wäre, abgeknallt zu werden. Und dann darüber, woran es lag, daß mir in letzter Zeit so viel egal war. Wahrscheinlich weil mir in letzter Zeit einiges an den Baum gegangen ist; und dann weil ich keine Schönheit bin, kein Sympathieträger, keiner, auf den man scharf ist. Vielleicht nicht mal Marie Louise ... Die Summe macht es, und plötzlich ist einem alles egal. Ich gucke auch verbiestert, aber ich bin auch verbiesterter als die anderen, weil mir nichts leichtfällt, alles muß ich mir erarbeiten, schwer erarbeiten, dann sieht man eben verbiestert aus. Da kann man nichts machen. Das habe ich auch an anderen festgestellt. Wenn ich zwölf Stunden gebüffelt habe, wie soll man denn dann noch aussehen? Wie ein Strahlemann? Wie Christoph, der in einer halben Stunde so viel schafft wie ich in zwölf? Ich bin auch kein witziger Typ, der immer eine Pointe losläßt, ich kann keine Witze behalten, und wenn, erzähle ich sie schlecht. Meistens habe ich nur zwei Witze im Kopf, beide von Christoph. Dem stehen die Witze auf der Zunge Schlange, die Pointen purzeln geradezu von seiner Zungenspitze. Das sollten Sie mal erleben, wenn der einen Witz erzählt, und dann ich. Wie Tag und Nacht. Vielleicht übertreibe ich ein bißchen, mache mich zu schlecht, aber wenn man gerade gefeuert wurde, hat man keine große Sympathie für sich und macht sich schon mal ein bißchen schlechter. Wenn mich jetzt die Glatzköpfe abknallen würden, wäre es kein großer Schaden für die Nachwelt. Wenn jetzt der Hauptglatzkopf seine Pistole hervorholte und sie auf meine Brust setzte, was würde ich machen? Keine Ahnung. Sagen, ich trete in euern Haufen ein? Darüber würden die nur lachen, und dann würden sie mich abknallen. Ja, wenn ich ein berühmter Mann wäre und sie würden mich erkennen und ich würde in deren Haufen eintreten wollen, das wäre etwas anderes. Vielleicht aber würde ich wie Charles Bukowski reagieren und sagen, Jungs, ihr tut mir einen Gefallen, ich wollte mich schon lange umbringen, aber wußte nicht wie. Nun löst ihr mein Problem, ich bin meins los, aber ihr kriegt eins. Dabei sahen sie ganz friedlich aus, sie blickten mich nicht an, sie machten sich keine Gedanken über mich, sie respektierten mich, wie ich war, wie ich hier saß, und als Gegenleistung sah ich sie nur heimlich aus den Augenwinkeln an, ganz kurz, ich hatte Anstand, sie hatten Anstand. Sie hingen die ganze Zeit der Oberglatze an den Lippen. Vielleicht war die Oberglatze ein Intellektueller, einer von den Grünen, der SPD oder den Liberalen? Und ich werde nicht erschossen, und ich muß nicht um mein Leben flehen und brauche auch nicht um Marie Louise und Christoph zu weinen und auch nicht um meine Mutter und um meinen Vater, die ich alle nicht wiedersehen würde?

Christoph mag ich mir in einer solchen Situation nicht vorstellen, wegzurennen oder zusammengeschlagen oder erschossen zu werden – da sähe er nur aus wie jeder andere arme Fuzzi.

Ach, Marie Louischen,

ich denke an Dich, und ich liebe Dich, und ich bin glücklich und verzweifelt zugleich. Wäre es nach mir gegangen, wäre ich gerade in der S-Bahn erschossen worden; in meinen letzten Gedanken wart Du und Christoph, der Lump, der Schuft; Christoph! Und ich hätte mich gern erschießen lassen, wenn ich mir vorstelle, was Christoph sich alles einfallen läßt, um Dir zu imponieren. Das will ich nämlich auf keinen Fall erleben. Und Du? Soll ich am Leben bleiben? Was macht er mit Dir, mit seinen unwiderstehlichen Augen, lasse mich nicht leiden, Marie Louischen, weise ihm die Tür, er ist und bleibt kein Ehrenmann! Alle Mädchen sehen immer nur ihn an, niemals mich, ich kann keinen Blick für mich abzwacken. Einmal bin ich mit einer Lady ins Kino gegangen, zufällig setzt sich Christoph in dieselbe Reihe, neben die Lady, als sei er mit ihr verabredet gewesen. Kaum sitzt er, beginnt er der Dame ins Ohr zu flöten, daß mir schlecht wird. Irgendwann höre ich, wie er sagt: Ich fühle was, was du nicht fühlst, und das wird hart. Und sie? Sie zieht sich das T-Shirt übern Kopf, beißt ihm ins Ohrläppchen, und mit der Zunge flutsch, flatsch zum Trommelfell, daß ihm das Hören vergangen sein muß, welches mir schon lange vorher vergangen war, und ich fange an zu weinen, wenn ich mir vorstelle, Du wärst jene Lady. O Christoph, du Lump, ich hasse dich, auch wenn du mein bester Freund bist – O Marie Louise, ich liebe Dich, auch wenn es Christoph gibt ... Übermorgen komme ich zu Dir!

Mario.

Es war kurz nach Mitternacht, schlafen konnte ich nicht, weil ich meine zukünftige Ehe mit Marie Louise mit der meiner Eltern verglich. Wenn ich ehrlich bin, sind mein Vater und ich sehr ähnlich. Unsere Reaktionen häufig cholerisch, unsere Argumentationen häufig unsachlich, unser Sichzurückziehen in unsere Gedankenwelt, wenn etwas anders gelaufen ist, als wir es uns vorstellten, ja, manchmal sehe ich meinen Vater an und denke, das bin ich, sieh zu, daß du nicht wirst wie er. Denn sonst sieht meine Ehe am Ende aus wie die meiner Eltern. Marie Louise und meine Mutter ähneln sich ebenfalls, zumindest äußerlich. Beide schlank, mit schönen langen Beinen, nur: Marie Louise blond und meine Mutter schwarz und doppelt so alt. Beide scheinen sanfte Frauen zu sein. Aber meine Mutter hat die Fähigkeit, eine Bugwelle von mieser Laune vor sich herzuschieben, damit kann sie die Ehe ganz schön ramponieren. Keine Ahnung, wie es um die Launen von Marie Louise bestellt ist. Ist sie da auch meiner Mutter ähnlich? Das wäre schlimm, denn ich möchte natürlich mit ihr eine wunderbare Ehe führen, und die führen meine Eltern eben nicht. Ich bin also wie mein Vater und denke wie Christoph. Mit ihm verbindet mich am meisten: Erstens unser Humor, wir lachen über dasselbe, zweitens: Wir haben ähnliche Anschauungen, wir reagieren auf Probleme ähnlich, kommen aber häufig zu unterschiedlichen Ergebnissen, und drittens bewundere ich ihn, seine schnelle Auffassungsgabe, seine Schlagfertigkeit, seinen Optimismus. Verzweifelt habe ich ihn nie gesehen, während ich doch sehr oft verzweifelt bin, auch wenn ich versuche, es nicht zu zeigen. Christoph hat mich indirekt gelehrt, meine Gefühle zu beherrschen. In seiner Gegenwart lasse ich mich nicht gehen. Aber er kann auch rücksichtslos sein Ziel verfolgen, so rücksichtslos kann ich es nicht. Nein, Christoph ist nicht sanft, nicht wie Marie Louise oder meine Mutter. Wenn meine Mutter allerdings laut wird, dann wird sie's richtig, so möchte ich es auch können. An der Ostsee war's, in Mariashagen, einem Gut in der Nähe von Neustadt, da erschoß ein Bauer Möwen auf einem Acker, weil sie angeblich Regenwürmer fressen würden, die für die Landwirtschaft unersetzlich seien. Da hätten Sie meine Mutter mal sehen sollen, geschrien hat sie, ich bringe Sie vors Gericht, Sie Mörder, Sie gewissenloser Mörder, geschrien hat sie, als ob sie auf der Bühne stünde und die Katharina in der *Widerspenstigen Zähmumg* spielte, die hat sie nämlich gespielt, und obwohl ich mir aus Theater nichts mache, da hat sie mir gefallen, der Mann wurde ganz klein und unterwürfig, sogar der Jagdhund legte sich auf den Bauch; dabei hatten sich beide gerade wie Helden gefühlt …

Und dann mit Vanessa Redgrave. Ich glaube, es war Vanessa Redgrave. Jedenfalls eine berühmte Schauspielerin. Sie gastierte in Hamburg, Thaliatheater, ein Mammutprogramm gegen Ausländerfeindlichkeit. Meine Mutter fuhr sie am nächsten Tag durch Hamburg, zeigte ihr den Hafen, den Gänsemarkt, die Reeperbahn und Eppendorf und Pöselsdorf; ich saß hinten, und ein Auto verfolgte uns. Immer hinter uns her, wie im Krimi. Und dann meine Mutter. Mitten auf der Straße hielt sie, raus aus dem Auto, und dann brüllte sie, wieder wie die Katharina, machen Sie, daß Sie nach Hause kommen, oder ich lasse Sie verhaften. Der Journalist oder Fotoreporter wurde weiß wie ein Laken, nickte mit dem Kopf und entschuldigte sich und nickte wieder mit dem Kopf…

Weil ich nicht schlafen konnte, fing ich an, meinen Koffer zu packen. Für übermorgen. Meine Mutter beginnt ihre Koffer schon vier Wochen vorher zu packen, und wenn's dann losgeht, packt sie alles wieder aus, weil sie die Übersicht verloren hat, wo ist das, wo ist das, vor jeder Reise höre ich, wo ist das, hundertmal wo ist das.

Um neun stand ich auf und frühstückte in einer Imbißstube. Detlef anrufen, meinen Vater besuchen, noch mal nach Babelsberg, Geld abholen, hoffentlich klappt's, das wär's für den letzen Tag in Berlin. Nach dem Frühstück bummelte ich die Schloßstraße entlang. Sah mich in einer Buchhandlung um und blätterte in Bildbänden. Gern hätte ich meine Gullys in einem Bildband entdeckt, es sind ja gar keine Gullys, es sind farbliche Erzählungen darüber. Sehen so aus wie die Bilder von Bernard Schultze, die ich gerade betrachtete, zum Beispiel seinen Migof-Aufstand. Wenn man das Bild nur kurz ansieht, denkt man, es ist ganz präzise gemalt, aber dann blickt man genauer hin und erkennt gar nichts. Es sind genaue ungenaue Formen. Man kann sich natürlich alles hineindenken, ich bin so ein Typ, ich denke mir alles hinein. Bei seinem Bild *Erdrutsch, welche Folgen* sah ich Marie Louise und mich im Moor versinken. Oben rechts ihr Profil, die Augen geschlossen, und mich links oben, schon halb vom Moor bedeckt. Gerne hätte ich den Bildband gekauft, aber das Geld, noch hatte ich es ja nicht bekommen von diesem Klebe. Ich bummelte also weiter durch die Schloßstraße, und dann sah ich plötzlich Hans Stiele vor mir, meinen Klassenkameraden aus Hamburg, was machte der hier? Wir nannten ihn Hans Schiele, weil er einen leichten Silberblick hatte. Ich wollte ihm gerade auf die Schulter klopfen, da drehte er sich herum, und es war ein wildfremder Mensch. Und dann blieb ich vor einem Spielwarenladen stehen und sah einer elektrischen Eisenbahn zu, da legte sich eine Hand auf meine Schulter, ich drehte mich um, und es war Hans Stiele. Nicht zu glauben. Hans hatte immer noch den leichten Siberblick, besonders wenn er etwas intensiv erzählte. Seine Hand war früher etwas klebrig, und ich dachte, das würde sich mit dem Älterwerden legen, aber noch nicht. Wenn er mit Helga Soling ins Kino ging, hielten sie sich immer an den Händen, bis der Film zu Ende war. Mit Hans und Helga haben wir Onkel Doktor gespielt, und ich hatte es durchgesetzt, daß ich der Doktor war. Natürlich sollten sich beide ausziehen. Aber Helga schrie schon, wenn sich Hans an den Schlitz faßte, und nun sagte mir Hans, daß er mit Helga verheiratet sei. Sie schmeißt zu Hause den Laden, und nun schreit sie auch nicht mehr, wenn ich an meinen Schlitz fasse, sagte er und grinste. Wo ist Christoph?

In Hamburg, sagte ich.

Immer wenn ich dich sehe, denke ich, er müßte auch dasein, ihr seid doch unzertrennlich.

Findest du?

Ja, finde ich. Helga ist im Osten, in Köpenick bei ihrer Tante, und ich sehe mir Berlin an, toll, was? Sie buddeln und buddeln, ganz Berlin ein Loch.

Stimmt.

Grüße mir Christoph von mir.

Werde ich, sagte ich.

Rufe mich mal an, ab morgen bin ich wieder in Hamburg.

Werde ich ...

Ich blickte Hans hinterher, wie er Richtung Steglitz verschwand. Dann überraschte mich ein gemeiner Regen. Die Damen hielten sich alles mögliche über den Kopf, um ihre Locken zu schonen, eine, mit Hochfrisur, rettete sich mit der Jacke eines Herrn in den Eingang eines Juwelierladens. Da der Eingang genügend Platz bot, lief ich ebenfalls dorthin. Der junge Mann war ein tierischer Angeber. Schauspielschüler im letzten Jahr, hörte ich ihn sagen, der einzige deutsche Schauspieler von Rang ist Hans Moser. Punkt. Keine Widerrede. Mit mir stellten sich noch einige andere in den regengeschützten Eingang. Der junge Mann hatte nur die Lady mit ihrer Hochfrisur im Kopf. Kommen Sie mit mir segeln, habe ein tolles Boot auf dem Wannsee, wär' doch was!

Bei dem Guß?

Ich habe eine Koje, da regnet's nicht rein, sagte er und lachte.

Ich mache mir nichts aus Segeln, antwortete sie.

Aber vielleicht aus der Koje?

Aus Kojen schon gar nichts …

Dann gehen wir ins Theater …

Ich mache mir nichts aus Theater …

Dann machen wir eine Autotour, ich habe einen Porsche …

Porsche? Ich mag keinen Porsche …

Wir werden schon etwas finden, was Sie mögen, antwortete er.

Bevor ich Zeuge davon werden konnte, was sie am Ende doch mochte, ging ich, trotz des Regens. Nicht leicht für ihn, den Leim warm zu machen, dachte ich. Im Steglitzer Park erwischte mich dann noch ein tierisches Gewitter. Ich stand unter einem Baum, einer Eiche, und mir fiel ein, daß man die Eichen beim Gewitter meiden soll. Eichen sollst du weichen. Buchen sollst du suchen. Aber wo sind Buchen? Ich guckte mir die Eiche an, es war ein alter Baum, kein Blitz hatte ihm bisher etwas angetan, also blieb ich. Der Blitz war so dicht und hell, daß es mir in den Augen weh tat. Peng! Der hätte mich treffen können. Dann noch einer und noch einer, dazu ein Guß, nicht von dieser Welt. Und die Erde dreht im Wasser, sind jetzt Fische, Katz und Hund … Ich erinnerte mich an ein Gespräch mit Christoph, in dem er mir mitteilte, daß er sich die Gefühle einer Eiche vorstellen könne. Du ei-

ne Eiche und ich eine Eiche, warum nicht, sagte er. Als Eichen hätten wir den Vorteil, dreihundert Jahre alt zu werden oder bereits geworden zu sein, was hätten wir alles erlebt, was würden wir uns alles zu erzählen haben. Dann philosophierte er, vielleicht gibt es auch unter den Bäumen Eifersucht, Zank, Neid, vielleicht sogar Kriege, fürs Ohr nur als Rauschen wahrnehmbar, ganze Baumschlachten? Aber wenn es Baumschlachten gäbe, würden sie sich umbringen wie die Menschen? Sind die toten Bäume Resultat dieser Schlachten, oder sind es doch die Menschen, die mit ihrem Gestank, ihrem Mist, ihrem Erfolgswahnsinn die Bäume umbringen?

Was sollte ich als Eiche mit Marie Louise anfangen? dachte ich und sah einem Blitz nach, der wie ein Pfeil in den Boden sauste. Peng, peng! Pengemengepeng! Zick, zack, ratsch! Sicher ist das hier nicht unter der Eiche, aber wo ist es sicher? Unter einer Buche? Aber das ist es ja, es ist nirgendwo sicher. Ich erinnerte mich an meine Zeit im Mutterleib: warm, angenehm, behütet und sicher; Sie werden sagen, keiner kann sich an die Zeit im Mutterleib erinnern, das werden Sie sagen, aber ich kann, ich kann .. Henry Miller sagt: Der Unterschied zwischen dem Paradies des Mutterleibes und diesem anderen Paradies der Freundschaft liegt darin, daß man im Mutterleib blind ist. O diese Dichter, darauf wäre ich auch ohne Henry gekommen, der ein Lieblingsdichter meiner Mutter ist.

Und wenn mich jetzt der Blitz trifft? Ich wüßte gern, wie Christoph meinen Tod aufnehmen würde.

Also Christoph, wenn du meinen Sarg in der Erde verschwinden siehst, würdest du weinen, trauern? Dir würde nie in den Sinn kommen, dich auf die Socken zu machen, um mir nachzukommen. Ich würde es nicht aushalten, dich in der Erde verschwinden zu sehen, das verspreche ich dir. Peng! Peng! Diese Blitze üben noch, gleich werden sie mich treffen, dachte ich. Und auch das verspreche ich dir: Obwohl es mich höllisch interessieren würde, wie es in der Hölle aussieht, wie die Großen sich ums Feuer drücken, das wär' ein Flöten und Geigen, Trompeten schmettern darein …, würde ich dir auch in den Himmel folgen, zu den Langweilern, diesen weißbehemdeten Engeln, wo unter den Hemden nichts sein soll!

Was der berühmte Physiker Fechner sagte, hätte auch ein weniger berühmter sagen können, nämlich, daß wir drei Leben haben: eins im Mutterleib, eins in der Welt und ein weiteres im Jenseits. Wie aber, wenn wir nur zwei haben? Eins im Mutterleib und eins in der Welt und dann aus? Der liebe Gott hat uns diese verdammte Hoffnung mit auf den Weg gegeben, damit wir, wenn es endlich soweit ist, den Löffel auch abgeben und uns nicht in Betten oder Krankenhäusern herumdrücken und so tun, als seien wir noch für irgend etwas gut, wo wir doch schon davor für nichts gut gewesen waren. Peng! Peng! Ich werde von oben schamlos befeuert, wofür? Wollen die Blitze mich in den Orkus befördern? Zu den großen Geistern, die wir hier nicht haben? Dort kann sich ja jeder mit jedem vermehren, quer durch die Jahrhunderte. Shakespeare mit Asta Nielsen, Louise Labé mit Kanzler Kohl, Cäsar mit Alice Schwarzer, Bill Clinton mit Mata Hari, Paula Jones mit Jefferson, das wäre was gewesen. Peng! Peng! Und ich lebe immer noch!

Liebe Marie Louise,

die Blitze versuchten mich zu köpfen, schlugen links und rechts, nur Millimeter von mir entfernt, ins Erdinnere. Durch die Löcher schimmerte es hell, das war die andere Seite der Kugel! Es regnete so, daß ich auf dem Meeresgrund stand. Die Blitze entfernten sich, der Regen wurde weniger, das Unwetter hat mich verschont. Daß ich nicht übertrieben habe, versteht sich von selbst! Ich liebe Dich, und Berlin riecht nach dem Gewitterguß wie neu!

Und der baum versinkt im wasser
steht jetzt auf dem meeresgrund
und die erde ist noch nasser
sind jetzt fische, katz und hund …
Dein Mario auf dem Meeresgrund!

Rief Detlef an, den Kostümbildner, um mich zu verabschieden, der mochte mich, hat sogar über Holger und Dr. Klebe den Kopf geschüttelt, so ein gemeiner Rausschmiß, sagte er und hat öffentlich den Kopf geschüttelt über die Ungerechtigkeit, die mir durch diese beiden Herren widerfahren war, und auch halblaut gemurrt, gar nicht so üblich und selbstverständlich in der Filmbranche, er will sich ebenfalls dafür einsetzen, daß ich mein Geld kriege, sagte er.

Aber die Thurmer macht's doch schon, sagte ich.

Doppelt hält besser, erwiderte er, dem Klebe darf man nicht übern Weg trauen, nicht zu zahlen ist eine Leidenschaft von ihm.

Am liebsten wäre es mir, ich bekäme es in bar, dann hab ich's nämlich, sagte ich, und was man hat, hat man.

Ich rufe dich gleich an, sagte er und legte auf.

Als er aufgelegt hatte, behielt ich den Hörer weiter am Ohr, manchmal hört man Gespräche, geheime Verabredungen, gemeine Geschäfte, rücksichtslosen Verrat, ich wäre gern bei etwas dabeigewesen, zum Beispiel bei einem Telefonorgasmus, aber nix, nur Knacksen.

Später rief Detlef an und sagte, die Hälfte kriegste in cash, die andere wird dir überwiesen, kannste dir heute um sechzehn Uhr bei der Thurmer abholen. Ich wollte schon sagen, das ist nett von dir, aber mir fiel ein, daß ich das Wort nett nicht leiden konnte, so sagte ich einfach danke und fragte, ob ich für ihn was tun könne.

Auch er sagte schlicht danke und nach einer kleinen Pause, ob ich nicht, wenn ich das Geld abgeholt hätte, ihn besuchen wolle. Du weißt ja, wo ich wohne.

Danke, sagte ich, wenn ich kann, komme ich gern.

Wir feiern heute den zwanzigsten Geburtstag von Maria, sie wird sich bestimmt freuen, dich zu sehen.

O gerne, sagte ich, und ich stellte mir kurz einen Betrug vor, eine kleine Affäre, die ich mit ihr haben könnte, im Garten in der Nähe des Kaninchenstalls oder auf der Gästetoilette. Maria, Detlefs Tochter, war hübsch und rothaarig, arbeitete in der Maskenbildnerei, ich war ihr mehrmals begegnet, sie hatte sogar zurückgelächelt, ein kleiner Betrug als Vorschuß auf meine Genesung vom Betrug, den mir Christoph und Marie Louise angetan haben könnten, ich stünde den beiden gewissermaßen nicht mit leeren Händen, sondern gleichberechtigt gegenüber. Wobei mich eigentlich nur Christoph betrogen hätte, denn Marie Louise hatte ich ja von mir aus in Besitz genommen, ohne Absprache mit ihr, oder doch? Und worauf gründete ich mein Recht, ihr eine eventuelle Affäre mit Christoph als einen Betrug mir gegenüber anzulasten? Auf die eine Nacht im Niendorfer Gehege? Nicht Niendorfer Gehege, das Ereignis, auf das ich noch zu sprechen komme, fand im Eppendorfer Moor statt, also auf diese eine Nacht im Eppendorfer Moor? Oder auf die mindestens tausend Briefe, die ich ihr geschrieben habe, im Laufe von mindestens zehn Jahren? Ja, ja, ja, ich gründe mein Recht auf sie, mein Recht, ihr eine eventuelle Affäre mit Christoph als Betrug mir gegenüber anzulasten, auf das Ereignis im Eppendorfer Moor, auf meine tausend Briefe, auf meine Liebe, die sich auf sie übertragen haben müßte, auf meine täglichen, stündlichen, minütlichen Gedanken, die sich mit ihr und meiner Liebe zu ihr beschäftigen, die sie zu einem glücklichen und mich zu einem unglücklichen Menschen machen müßten, ja, mich zum allerunglücklichsten Menschen der Welt, sollte sich herausstellen, was ich mit aller Anstrengung versuche sich nicht herausstellen zu lassen, aber nicht verhindern kann, daß es sich eventuell doch herausstellen könnte, wie sie beide glücklich und wahnsinnig miteinander sich nackt auf einem weißen Laken rollen, tummeln, hinein- und auseinanderschlüpfend, wie Christoph ihr ins Ohr flötet, dasselbe etwa, was ich ihr täglich mindestens zwölfmal in meinen Briefen flöte, nämlich: Ich liebe dich, ich liebe dich, ich liebe dich, sein Flöten macht sie zu einer Liebesfurie, zur wildesten und schönsten Regenblume der Welt, meine Flötenbriefe aber liegen auf ihrer Kommode. Gestapelt und ungeöffnet … Oh, ich verdamme dich, meine Marie, meine wilde Marie, meine nasse Marie, meine verrückte Marie, meine verdorbene Marie …

Wenn du kommst, zeige ich dir meine neuesten Werke, sagte Detlef, ich habe viel gemalt, versuche, nur mit jeweils zwei Farben auszukommen, interessiert mich, was du darüber denkst. Natürlich mochte ich ihm nicht sagen, daß mich seine Malerei nicht interessierte, seine Maria für einen Schnell-und-auf-der-Stelle-Betrug viel mehr, einen Betrug, bei dem man den Hut noch in der einen Hand hält, die Türklinke schon in der anderen, wenn Sie verstehen, was ich meine. Detlef erzählte von seinen Erfahrungen mit den Malern Platschek, Hajek, Losemann und Vombeck; er habe sich auch an Abstraktes gewagt, er möchte sich vom Lesbaren in der Malerei trennen, vorübergehend. Lesbares, sagte er, darüber wollte ich gerade nachdenken, wie kann man Malerei lesen, aber dann unterbrach er sich, ziemlich energisch, ich denke, er hatte plötzlich das Gefühl, zuviel von sich gesprochen zu haben, ich könnte mit meinen Gedanken abwesend sein, was ich ja auch war, mittendrin in seinem Monolog eine resolute Kehrtwendung, er fragte: Was ist mit deinen Gullys?

Was soll ich da erzählen?

Alles.

Also alles. Sie wissen ja, ich bin der Vom-Thema-Abkommer-vom-Dienst, wie Christoph der Vom-Thema-nicht-Abkommer-vom-Dienst ist; obwohl ich die Menschen verachte, gönne ich ihnen viel mehr Antwort als Christoph, der die Menschen achtet, ja schätzt und liebt – wenn es nicht gerade Marie Louise ist, habe ich nichts dagegen –, ihnen aber kaum Antwort gönnt.

Wenn Christoph gefragt würde, was sammeln Sie, und es wären, wie bei mir, Gullys, würde er sagen: Gullys. Nun müßte man weiter fragen, wieso Gullys? Und er würde antworten, weil sie schön sind. Gullys? Gullys sind schön?

Ich war mit ihm in New York, und er sagte mir, in der Fifth Avenue war's, wenn man jemals berühmt werden wolle, müsse man das in New York werden.

Warum? fragte ich.

Wenn man hier berühmt ist, ist man es in der ganzen Welt. New York ist nämlich die Hauptstadt der Welt.

Wie willst du in New York berühmt werden? fragte ich.

Indem du genau das Gegenteil von dem behauptest, was die anderen behaupten.

Mach's ausführlicher, sagte ich.

Das ist ausführlich, antwortete er.

Nein, das ist nicht ausführlich, immer sagst du, du antwortest ausführlich, und dann nicht... Also gut, wenn ich jetzt in New York behaupte, alle Menschen sind gut, werde ich in New York berühmt?

Zunächst einmal mußt du eine Plattform haben, damit deine Meinung gehört wird, antwortete er.

Also ich muß schon berühmt sein, damit ich berühmt werde.

Ja.

Aber wenn ich schon berühmt bin, wieso soll ich dann berühmt werden?

Um noch berühmter zu werden.

Damit wird man noch berühmter?

Wenn ich berühmt bin, sagen wir mal, ich bin ein berühmter Mediziner, und ich behaupte, Rauchen ist gesund, werde ich noch berühmter.

Oder Aids ist keine Immunkrankheit, sondern eine Geisteskrankheit? fragte ich.

Ja, du mußt nur überzeugen, die richtigen Argumente haben.

Wie soll ich die richtigen Argumente haben, wenn ich Quatsch erzähle? fragte ich.

Du kannst die ganze Welt von Quatsch überzeugen, wenn du überzeugen kannst.

Gegen die Wissenschaft? Gegen die Statistik?

Gegen die Wissenschaft, gegen die Statistik.

Ich will nicht berühmt werden, sagte ich.

Jeder will es, antwortete er.

Und dann sagte ich aus dem Stegreif, weil ich einen Penner auf einem Gully schlafen sah, ich sammle Gullys. Und Christoph war verblüfft, ich sah es ihm an, aber sagte nichts zu den Gullys, er, der Nicht-vom-Thema-Abkommer, kam vom Thema ab, er philosophierte über das Leben, über sich und die Welt.

Du stellst dich auf eine Position, und von der Position aus erklärst du die Welt. Und die Position muß gegen die Position der Mehrheit sein, du mußt behaupten, was die Mehrheit nicht glauben will, dann wirst du nicht nur berühmt, sondern du verschärfst die Widersprüche, er sprach und sprach, und ich guckte mir die Wolkenkratzer an, blickte in die Höhe und dachte über die Wolkenkratzer und Christoph nach, das hat er immer schon gemacht, die Menschen nach seinen Vorstellungen zu biegen und zu verbiegen versucht.

Nach vierzehn Tagen trafen wir uns in Chicago, und Christoph hatte unzählige Fotografien mit, er warf sie auf den Tisch und sagte, wie bist du auf die Gullys gekommen, du hast recht, die sind tierisch schön, und in jeder Stadt sehen sie anders aus, wie bist du auf Gullys gekommen? Und ich warf lässig hin, irgendwann einmal, und Christoph bewunderte mich, wie ich auf etwas gekommen bin, worauf er nicht gekommen war, und wußte nicht, daß er es gewesen war, der mich auf meine Idee gebracht hatte ...

Wieviel Fotografien von Gullys hast du? fragte Detlef.

Dreitausend plus/minus hundert.

Da verdecken die schönsten Kunstwerke die miesesten Gestänke? fragte er.

Ja.

Komm nachher vorbei, darüber mußt du mir erzählen ...

Obwohl ich den Weg ungefähr wußte, ich war ja schon einmal dort gewesen, allerdings mit dem Auto, Detlefs altem VW, von dem er sich nie trennen wird, wie er immer behauptet, und wenn er gar nicht mehr fährt, wird er ihn auf die Garage hieven lassen als Denkmal, ließ ich mir den Weg noch mal erklären. Das machte er sehr gut, sehr verständlich, daran kann man merken, ob jemand intelligent ist. Das ist eine Tatsache, Wege beschreiben könnte ein Fach in der Schule werden. Und dann dachte ich darüber nach, ob ich mich freuen würde, wenn er mich in Hamburg besuchte. Ja, ich würde ...

Pünktlich um sechzehn Uhr war ich in Babelsberg. Frau Thurmer überreichte mir das Geld, die Hälfte in cash, die andere wird überwiesen, sie lächelte, und ich bedankte mich. Wie mußte sie dem Klebe zugesetzt haben! Damit sind Holger und Klebe für mich gestorben. Keine Gedankenverschwendung mehr an diese Kreaturen! Ich verließ das Studio so aufrecht wie ein König.

Zu Detlef hätte ich nicht gehen sollen, aber so ein Typ bin ich nun einmal, wenn ich sage, ich komme vielleicht, gehe ich bestimmt. Seine Tochter hat sich überhaupt nicht für mich interessiert, nur Guten Tag, nichts weiter. Noch nicht einmal zurückgelächelt. Na ja, beinahe hatte ich's ja erwartet, aber da sie ja schon während der Arbeit zurückgelächelt hatte, hätte sie sich kein Bein ausgerissen, wenn sie's hier auch gemacht hätte; blöder Ausdruck: Bein ausgerissen. Sagt Christoph manchmal. Hey Alter, ich habe mir ein Bein deinetwegen ausgerissen, ausgerissen und weggeschmissen, alles deinetwegen, nun muß ich ein Leben lang auf einem Bein humpeln, alles weil du so bescheuert bist und mit deiner Marie Louise nicht allein zurechtkommst. Und nicht nur ich bin einbeinig, ganz Hamburg ist es, und nicht nur Hamburg, das ganze vereinigte Deutschland eine Nation auf Krücken, denn alle Deutschen haben sich schon mal ein Bein ausgerissen und werden es immer wieder tun, so verrückt sind die Deutschen, die Beineausreißer; sie können gar nicht genug Beine haben, Beine nur fürs Ausreißen. Ach Christoph, halt's Maul, ich werde schon mit Marie Louise fertig; und sie wird immer zwei schöne weißbestrumpfte Beine haben, nichts wird ausgerissen, in Gedanken schrieb ich sofort wieder einen Brief:

Ich liebe Dich nur, liebe Marie Louise, wenn Du mir versprichst, Dir meinetwegen nie ein Bein auszureißen, denn ich liebe Deine beiden Beine, versprich mir das. Die Beine von Detlefs Tochter interessieren mich überhaupt nicht, ich schwöre es Dir, und der Betrug nur, damit ich euch beiden nicht so dumm gegenüberstehe, und Du verdienst einen klugen Mann, nicht einen, der sich so einfach von Dir und

Christoph betrügen läßt, nicht wahr, Mariechen? Wenn ich genau wüßte, zwischen Euch beiden ist nichts vorgefallen, aber ich kann's mir nun mal leider nicht vorstellen, hätte ich nie über so was nachgedacht. Ich schwöre es. (Dabei sah Maria, Detlefs Tochter, hübsch aus, besonders heute, gerötete Wangen, schöne Zähne, stolzer Gang, sehr selbstbewußt, stand ihr gut. Wahrscheinlich hatte sie nur Verehrer um sich versammelt, und als Verehrer kam ich nicht in Frage, das wußte ich schon vorher. Meine Kündigung war wohl schuld, daß sie kein Auge für mich hatte. Sie stand mir bestimmt ins Gesicht geschrieben, quer über die Stirn, wir haben ihn gefeuert, weil er eine taube Nuß als Kameraassi ist. So ist das nämlich, man kann es von der Stirn oder vom Gesicht ablesen, ob jemand gekündigt wurde oder nicht, ob er eine Null, eine Niete, ein Versager ist.) *Komm, Marie Louise, beruhige Dich, die Du bestimmt nicht beunruhigt bist, ich bin Dir treu, zur Treue gezwungen, weil ich so ein Affenarsch von Mensch bin, dem nichts im Leben gelingt. Ich habe Kaffee getrunken und im Garten mit vier jungen Hunden gespielt und mich tierisch einsam gefühlt, ja, ja, ja!*

Dein Mario.

Als ich mich verabschiedete, fragte Detlef, warum willst du schon gehen? Am Abend geht's doch erst richtig los.

Muß noch zu meinem Vater ...

Ach so, sagte Detlef, soll ich dich fahren?

Nein, nein, geht schon.

Und meine Bilder?

Die sehe ich mir ein anderes Mal an.

Schnell weg. Kein einziges Mädchen hatte ein Auge für mich, nicht einmal so eine kleine Picklige, aber der ging's wohl wie mir. Dann bin ich gelaufen, von Babelsberg bis zum Breitenbachplatz. Potsdamer Chaussee, Clay-Allee, Im Dohl und so weiter und so weiter. Das Laufen macht mir keinen besonderen Spaß, aber erstens sparte ich Geld, und zweitens konnte ich mich mit Autoschildern beschäftigen, ich bin ein absoluter Profi in Autoschildern, kenne Ziffern und Zahlen aus jedem deutschen Nest, die Farben dazu, könnte glatt in *Wetten daß ...* damit auftreten, die Sendung kennen Sie sicher, woher kommt das Auto? Und nun das Schild. Aus Putlitz, aus Posemuckel, aus sonstwo, ja, da bin ich gut, da bin ich wirklich gut, in Autoschildern schlage ich sogar Christoph. Gut, zugegeben, in Gullys bin ich noch besser, aber gleich danach kommen die Autoschilder, keine Frage. Wie bist du ausgerechnet auf Autoschilder gekommen, werde ich häufig gefragt. Das war so: Wir machten Urlaub, mein Vater, meine Mutter und ich, in Pörtschach am Wörther See, und wenn ich mit meinen Eltern in Urlaub war, ist es immer langweilig gewesen, weil die sich in jedem Nest sofort nach dem Theater erkundigten. Überall mußten für die Theater dasein. Während sie nach dem Theater suchten, lief ich mit meiner Freundin, die ich in der Badeanstalt kennengelernt hatte, durch die Straßen, und wir hatten uns nichts zu erzählen. Sie schwieg wie ein Grab. Aber immer wenn wir an Autos vorbeikamen, ging's los. Ich sage Ihnen, sie war nicht zu bremsen, sie schnatterte und schnatterte wie eine Ente, ihre Spezialität waren nämlich die Autos, die Enten hießen; aber nicht nur Enten, auch Opel und Volkswagen mochte sie. Die Ente kommt von hier, der Opel von dort, der Volkswagen von da, das Zeichen ist neu, seit dem einundzwanzigsten März, jenes alt und so weiter. Ich war beeindruckt. BMW mochte sie nicht, die ließ sie aus. Na ja, so ging's dann auch bei mir los. Punkt. Aber so richtig hatte ich heute keine Lust auf Autoschilder, auch nicht auf Gullys, die kannte ich sowieso alle. Ich dachte daran, daß ich nun arbeitslos war, was sage ich meiner Mutter, die sich wegen jeder Kleinigkeit Sorgen macht. Ich dachte auch darüber nach, daß es tierisch blöd ist, sich Autonummern einzuprägen, aber noch immer weniger blöd, als sich mit dem Rausschmiß zu beschäftigen. Der deprimierte mich, das Herz war mir schwer, und Marie Louise in Hamburg. Am Breitenbachplatz torkelten zwei Betrunkene aus einer Kneipe und wollten wissen, wo es zum Südwestkorso gehe. Ich konnte wie gewöhnlich keine Auskunft geben und überlegte, ob ich nicht in die Kneipe gehen sollte, um etwas zu essen, immer wenn ich Kummer habe, habe ich Hunger, manchmal kann ich mir den Kummer wegessen, aber in die Kneipe wollte ich doch nicht. Zwei Minuten später stellte ich fest, daß der Südwestkorso nur einige Schritte vom Restaurant entfernt war, während die Betrunkenen Richtung Steglitz torkelten. Wahrscheinlich hatten sie keine Ahnung, wohin sie wollten, und außerdem, besoffen ist es überall schön. Ich überlegte, ob ich mich nicht auch vollaufen lassen sollte und meinen Vater sausenlasse. Das sind Gedanken, die ich immer ganz schnell im Kopf habe, etwas sausenlassen, aber dann laß ich's doch nicht sausen. So ist das bei mir. In Gedanken bin ich der Größte, aber wenn's dann soweit ist, ziehe ich den Schwanz ein.

Ich klingelte bei meinem Vater, und als ich ungefähr fünf Minuten geklingelt hatte, schrieb ich ihm einen Zettel, daß es mir leid tue, ihn während meiner Berlinzeit nicht gesehen zu haben, aber ich sei zu busy gewesen, und morgen müsse ich zurück nach Hamburg. Noch alles Gute. Ich versuchte, durch den Briefschlitz zu blicken, was ich eigentlich sehen wollte, weiß ich nicht, wahrscheinlich, ob mein Zettel gut gelandet war, blöd, was sollte der Zettel sonst tun? Sich in Luft auflösen? Ich stellte fest, daß es in der Wohnung nach Staub, Büchern und Zigaretten roch. Überhaupt nicht nach Essen. Und im Treppenflur roch es nach Bohnerwachs und Essen, jedenfalls nicht nach Staub und Büchern. Eine ältere Dame, die die Treppe heraufkam, blickte mich mißtrauisch an, als sie mich am Briefschlitz sah. Peinlich. Ich fragte, ob sie wisse, wann mein Vater wiederkomme? Keine Antwort. Etwas Bescheuerteres hätte ich auch nicht fragen können, sie blickte noch feindlicher. Ich lief nach Hause, zur Elisenstraße, und dachte, meine Füße seien mir abhanden gekommen und mein Knie sei geschwollen. Ich hatte schon einige Male eine Schleimbeutelentzündung im Knie gehabt, der Arzt sagte, das einzige, was hilft, sei Ruhe, ich solle paar Tage im Bett bleiben, was ich gern tat, denn dann brauchte ich nicht zur Schule, aber als ich nach ein paar Tagen aufstand, war es dick wie zuvor. Wofür kriegen diese Ärzte ihr Geld? Bin nie wieder zum Arzt deswegen und bin die Schleimbeutelentzündung auch so losgeworden. In meinem Zimmer zog ich die Hosenbeine hoch und verglich beide Knie und stellte fest, daß mein Knie gar nicht dick war. Es schmerzte einfach so. Ich schaltete mein kleines Radio an und hörte meine Hamburger Freunde, die ihre erste Disc rausgebracht hatten. Joachim Plog, Keyboard, Michael Haußmann, Bass, Marc Löser, Alto Saxophone und Flute, Ralph Siebert, Tenor Saxophone, Wolf Sagert, Drums, Jonas Habermaß, Alto und Soprano Saxophones. Swinging Modern Jazz: What more could a demanding ear ask for? I for my part am very exited about the future of Jonas Habermaß and his friends from the Hamburger Musikhochschule, whom I also consider my friends.

Ich räumte den Kühlschrank leer, sehr viel Eßbares war nicht da, eine Hühnchenkeule, die ich verschlang. Mein Hunger war riesig nach dem Gewaltmarsch. Pflaumenmus, Brot, ein Ei, das war alles. Ich blickte in den Spiegel und sprach, entgegen meiner Gewohnheit, mit vollem Mund zu mir: Mario, du bist ruiniert, beruflich, seelisch, aber das macht nichts, vielen Menschen auf der Welt geht es im Augenblick noch schlechter. Aber ich sage Ihnen ehrlich, dieses Wissen half mir überhaupt nicht. Ich leide ja nicht für die anderen, ich leide für mich. Wenn meine Mutter mir mit so was kommt, und sie kommt damit viel zu oft, dann lache ich nur. Vielen geht es noch viel schlechter! Soll ich mich daran ergötzen, mich besser fühlen, weil es armselige Kreaturen auf dieser Welt gibt, denen es schlechter geht als mir? Wenn ich darüber wirklich nachdenke, geht es mir im Gegenteil noch schlechter. Hör auf damit, Mutter. Umgekehrt ist es richtig, sei nicht traurig, vielen geht es besser als dir, nimm dir ein Beispiel an ihnen. Nehme ich, zum Beispiel an Christoph oder an meinem Marie Louischen, ja ihr beiden, ihr helft mir, und morgen bin ich bei euch … Kein Wort über meine Niederlage sollt ihr hören, nichts davon, neidisch und stolz sollt ihr auf euren Mario sein, der die Leiter aufwärts steigt, in den Olymp des Filmhimmels. Eine Niederlage ist ausgeschlossen, ich bin der Größte. Ali und ich, oder ich und Muhammad Ali. So sagt mein Vater immer.

Nachdem ich gegessen hatte, wollte ich rauchen, aber die Zigarette brannte nicht, war wohl naß geworden. Immer wenn es mir dreckig geht, rauche ich. Und wenn ich rauche, hasse ich die ganze Welt. Besonders die Berliner mit ihren Ossis und Wessis, überhaupt die Wiedervereinigung. Die Wiedervereinigung ist das Stalingrad für Deutschland, hatte mein Vater gesagt. Und die Krabbe ist so blöd, daß einem schlecht wird, hatte Holger gesagt, die sollte man aufhängen. Wieso? Weil sie gelogen hat, daß sich die Balken biegen. Ja, die Drogen. Ich meine, das Ekelpaket Holger lügt, wenn er den Mund aufmacht, ich hätte nichts dagegen, wenn sie ihn hängen würden, aber die Krabbe?

Sie wissen doch, wer die Krabbe ist? Na klar, jeder weiß das, die Hundert-Meter-Läuferin. Wenn zum Beispiel ein Dichter sein Buch besoffen oder unter Drogen geschrieben hat, wird er doch auch nicht öffentlich kaputtgemacht, aber mit den Sportlern kann man's ja machen, obwohl fast jeder Drogen nimmt, das weiß jedes Kind, wie heimlich kann man Drogen nehmen? Sehr heimlich nämlich, aber das zu sagen hätte ich mir sparen können, Holger hätte mir nie recht gegeben, bestimmt knallte er sich auch mit Zeugs voll, kann man an seinen Augen sehen, so'n fiebriger Glanz, meine Mutter sagt immer, viele Krankheiten erkennt man an den Augen, na ja, er hatte sich bestimmt zu den anderen gedreht und die Augen verdreht, ich konnt's nicht sehen, weil ich die Schärfe ziehen mußte, aber das machte er immer, die Augen verdrehen. Und immer hinterm Rücken. Irgendwann hörte ich ihn mal sagen, der taugt nichts, ist lebensuntüchtig. Bestimmt meinte er mich. Er sollte gefälligst sein Maul halten. Ich habe das Abitur gemacht, nicht er. Hat sich aus der Schule gewunden wie eine Schlange, mit lauter Fünfen, wenn er das für lebenstüchtig hält? Bitte. Nicht meine Art. Auch nicht sein Goldkettchen, sein Goldarmbändchen, sein Goldringchen am kleinen Finger, vergoldetes Arschloch. Auch nicht seine Angebereien, daß er monatlich fünfhundert Mark im Puff läßt, jeden Monat, vielleicht könnte er das Geld besser anlegen, nach Somalia spenden oder ein verhungertes Kind adoptieren, als sich auf Nutten zu legen. Gefährlich heute. Und was sagt seine Frau dazu? Wieviel gibt er für Drogen aus? Auch fünfhundert? Hat er keinen Schiß vor Aids? Ich sage Ihnen, ich bin beinahe verrückt geworden, als ich ein Mädchen küßte. Ja, ich gebe es zu, manchmal habe ich große Lust, ein Mädchen zu küssen, na ja, und dann tue ich es eben. Am Kuh'damm habe ich sie angesprochen. Mache ich eben auch manchmal. Und selten genug klappt's, sie wissen ja, daß ich keine Schönheit bin, und mein Charme läßt auch zu wünschen übrig. Aber manchmal haut's hin. Marie Louischen, denke nicht schlecht von mir, wenn ich ein anderes Mädchen küsse, denke ich an dich, ist es aus, vorbei, nie wieder mit anderen Mädchen, nie wieder werd' ich eins küssen wollen. Besonders hinterher war's schlimm. Es war eine Katastrophe, was ich mir alles eingeredet habe, nun habe ich Aids, lebe noch paar Jahre und Schluß. Ich weiß, daß ich's habe, und nie wieder mit meiner Marie Louise, ich darf sie nicht küssen, darf sie nicht, darf sie nicht, ... Das war das Schlimmste, sage ich Ihnen. Wollte schon zum Arzt gehen und einen Aidstest machen lassen, aber dann sagte einer im Team, beim Küssen kriegt man's nicht, dem habe ich gern, sehr gern geglaubt, dabei hatte ich mich schon aufgegeben. In dieser Zeit fotografierte ich Gullys, schöne Fotos, auf die bin ich richtig stolz, auf manchen Fotos kann man sogar den Gestank riechen und sehen, wie er aus den Zwischenräumen kriecht, diese Gullys haben große Kraft. Manchmal macht man die besten Sachen, wenn's einem richtig dreckig geht, vielleicht haben Sie das auch schon erlebt.

Ich machte mir einen Tee, meine Wirtin war nicht da, und allmählich verlor sich meine Weltuntergangsstimmung. Ich blickte aus dem schmalen Fenster, es war dunkel, und der Mond schien, eine nach rechts verbeulte Sichel. Das heißt zunehmender Mond, wenn man nämlich aus der Sichel ein Z machen kann, ist er zunehmend, und ein kleines A, dann ist er abnehmend, aber das weiß ja jeder Blödmann. Trotzdem bin ich immer froh, wenn er zunehmend ist, ich weiß nicht, warum, aber ich habe ihn voll einfach lieber. Hatte ich alles verpackt? Hatte ich. Alles im Koffer, der mir immer an die Waden schlägt, das liegt am Koffer, bei keinem andern habe ich das erlebt, nur bei diesem. Aber ich mag ihn, weil er so vielgereist aussieht, zerkratzt, zerschrammt, San Francisco-, Los Angeles- und New York-Aufkleber drauf, an der Rückseite ist ein schmaler Riß, wenn irgendwann mal etwas herausquillt, dann bestimmt Unterwäsche. Wo sind meine Kafka-Tagebücher 1910–1923, die ich las, nein, es waren keine Tagebücher, es war ein Tagebuch, wo? Es lag immer auf meinem Nachttisch, direkt unter der Lampe; wenn's nach Babelsberg ging, klemmte ich's mir untern Arm, gestern hatte ich's noch mit. Hatte ich es dort liegen gelassen? Nein. Oder? Hatte ich in der S-Bahn gelesen? Die Glatzköpfe im Abteil, die mich erschießen wollten, richtig, nein, hatte ich nicht mit. Wo ist es dann? Immer wenn ich etwas vermisse, verdächtige ich Leute. Wer hat mir den Kafka gestohlen? Holger? Meine Wirtin? Ausgeschlossen, die ist auf einen Mann aus, nicht auf einen toten

Schriftsteller. Sogar auf einen jungen Mann, nachdem ihrer dreiundachtzigjährig gestorben ist, sie ist Mitte Fünfzig. Am liebsten einen Zwanzigjährigen, aber daß sie auf mich scharf gewesen wäre, hatte ich nicht feststellen können, ich bin ja auch nicht auf sie scharf, das möchte ich mir gar nicht vorstellen müssen, wie das gewesen wäre. Ein ziemliches Aas, meine Wirtin; bei meinem Beinahebetrug mit Hekuba hatte sie an der Tür gelauscht, und als ich Hekuba zum S-Bahnhof Steglitz brachte und zurückkam, hatte sie mir zehn Kondome über die Waschschüssel gehängt, mit Wasser gefüllt, so pralle Gummis, einfach aus Gemeinheit. Deswegen gebe ich ihr auch nicht eine Mark mehr Miete, als ich muß. Beinahe wünschte ich mir, daß sie meinen Kafka gestohlen hätte, dann würde ich gar nichts zahlen, einfach einen Brief schreiben, daß Diebe von mir kein Geld bekommen, soll sie mich ruhig verklagen. Meine Mutter bekäme jetzt einen Koller, sie würde sagen, hör auf mit deinen Verdächtigungen, sieh lieber überall nach, dann findest du's auch. Im Gegensatz zu meinem Vater, der meistens derselben Meinung ist wie ich. Mein Vater würde jetzt mit mir alle durchgehen, mit denen ich in den letzten vierundzwanzig Stunden zu tun hatte. Und dann gäb's Streit, meine Mutter würde meinen Vater beschimpfen, daß er aufhören solle, mit mir nach Dieben zu suchen, überhaupt sei er viel zu nachgiebig. Mario kann dir wohl alles einreden. Niemals laut, immer leise würde meine Mutter schimpfen, denn eigentlich liebt sie die Harmonie, aber nur eigentlich, denn wenn sie nicht will, dann will sie nicht. Zwei, drei Tage kann sie wegen so einer Kleinigkeit stumm wie'n Fisch sein, das ist ziemlich ekelhaft. Ich kann meinen Vater schon verstehen, daß er lieber in Berlin ist als sich von Mutters Sturheit überrollen zu lassen. Wenn sie so ist, kriegt man keine Luft mehr, Luft, Clavigo, Luft, man ertrinkt in ihrer sturen Schweigsamkeit, ihre Gesichtszüge hart wie Kruppstahl. Kein Wunder, sagt mein Vater dann, daß dein Sohn genauso ist wie du, daß er so ein Kotzbrocken ist, daß er seinen Mund zum Guten Morgen nicht aufkriegt oder zum Auf Wiedersehen oder um mitzuteilen, daß er die Nacht wegbleibt, und wir warten wie auf Kohlen, denken immer das Schlimmste, aber er ist genauso stur wie du, von mir hat er das jedenfalls nicht. Und das, obwohl mein Vater gerade meiner Meinung gewesen war und nach Dieben mit mir gesucht hatte, und ich denke, was würde ich denn gern von seinem Charakter haben? Ich glaube, gar nichts. Seine Großzügigkeit etwa? Seine Erziehungsanfälle alle Vierteljahre? Daß er immer oder meistens mit mir einer Meinung ist? Oder was noch? Ist seine Großzügigkeit überhaupt Großzügigkeit? Ist sie nicht Feigheit, weil er sich lieber vor allen Auseinandersetzungen drückt, als mir zum Beispiel zu sagen: Schluß, genug, es gibt keine Diebe, du bist nur ein Chaot und hast die Sachen verschusselt, also suche, und mit dem Geld mußt du auch lernen umzugehen, heute kriegst du nichts, mit fünfhundert mußt du schon mal im Monat auskommen, ich mußte mit achtzig Mark auskommen. Soll er mir mal heute vormachen, mit achtzig auszukommen, aber lieber noch Vaters Feigheit als Mutters Sturheit. Also gut, ich packte den Koffer noch mal aus, und richtig, ganz unten lag es, als erstes eingepackt. Dann wieder hinein mit den Klamotten, verwurschtelt, besonders mein Anzug, ich hasse es, ihn so zu verpacken wie meine Mutter, Knöpfe beim Jackett zu, dann säuberlich halbieren, Arm auf Brust, Brust auf Arm, Kragen etwas nach unten, weiß der Himmel, was sie alles glaubt ziehen und zurren zu müssen. Ich jedenfalls liebe verknitterte Anzüge, für mich muß ein Anzug Charakter zeigen, wie ein Gesicht mit Knittern und Falten, das ist für mich schön. Gebügelte Anzüge sind für mich wie die gelifteten Gesichter der älteren Hollywoodstars, totgebügelt. Bei denen fürchte ich immer, nun macht es peng, und das Gesicht ist futsch. Deswegen lachen die älteren Hollywoodherrschaften immer mit gespitztem Mund, vorsichtig, sonst knallt es. Davon habe ich schon geträumt, sitze mit solchen Berühmtheiten zusammen, wir haben Dinner, und beim Dessert wird versehentlich zuviel gelacht, und die Gesichter platzen wie die Luftballons, peng, peng, peng, und dann sitze ich irgendwelchen Schrumpelhäuten gegenüber... Ich schloß den Koffer, drehte die drei Sicherheitszahlen auf Null und dachte, wenn meine Mutter das sähe... Drei Tage Sturheit dafür.

Ich legte den Kafka unter die Lampe auf den Nachttisch, wo er hingehörte, dann blickte ich in den Spiegel und machte iiii. Ein unangenehmer Mensch bist du, immer verdächtigst du andere, du selbst hast nie schuld. Mit Christoph hatte ich deswegen auch mal Streit, ich verdächtigte ihn, meinen Füller geklaut zu haben. Was habe ich? Deinen Füller geklaut? Dich haben sie wohl mit'm Klammerbeutel gepudert. Und ich sagte, mitten auf dem Schulhof, ich weiß nur, daß ich ihn gestern noch hatte, und versuchte dabei aggressiv auszusehen.

Behauptest du, daß ich stehle?

Habe ich nicht gesagt.

Doch, hast du.

Ich habe nur gesagt, daß ich ihn gestern noch hatte.

Das hätte Stunden so weitergehen können, immer die gleichen Sätze. Noch während wir stritten, griff ich in die Hosentasche, und da war er. Ich sagte gar nichts und stritt noch immer mit Christoph; ich bin manchmal richtig zum Kotzen. Beinahe hätte ich ihn noch verdächtigt, ihn mir in die Hosentasche gesteckt zu haben. Ich ließ Christoph stehen und zog los, als hätte ich Grund, beleidigt zu sein, na ja, egal, wie der Füller in meine Hosentasche gelangt ist, ich kann mir nicht vorstellen, daß ich es war, aber sicher war ich es doch. Vielleicht hast du an etwas anderes gedacht, würde meine Mutter sagen, kann doch sein, sicher kann es sein, würde ich erwidern, und dann knalle ich meistens die Türe zu und haue ab, weil sie niemals meine Partei ergreift.

Schade, daß Hekuba nicht in Berlin war, sonst würde ich mich noch auf den Weg zu ihr machen. Aber sie war in Kopenhagen und kam erst in einer Woche wieder. Sie ist Lehrerin an einer Behindertenschule, und

ich lernte sie während der Dreharbeiten kennen. Sie war Fachberaterin und war jemand, der mich wirklich mochte. Immer hatte sie Fragen, was ist ein Achsensprung, was ist eine Fahrt, warum bewegt sich die Kamera in dieser Einstellung und warum steht sie in einer anderen; und immer fragte sie mich, niemals Holger, das hatte mir besonders an ihr gefallen. Und beinahe hätte ich auch mit ihr geschlafen, das wissen Sie ja schon, wenn meine Wirtin nicht an der Türe gelauscht hätte. Beide waren wir schon nackt. Hekuba saß neben der Tür, auf dem Bettende, preßte den Daumen aufs Schlüsselloch und lachte. Ganz tief lachte sie, heiser. Meine Mutter würde sagen, eine sandige Lache, alles, was rauh ist, ist bei ihr sandig. Dann nahm sie den Daumen weg und blickte ihrerseits durchs Schlüsselloch. Stille. Kniete meine Wirtin noch immer vor der Tür? Hekuba griff sich meinen Slip und hängte ihn über die Türklinke – Sie kennen sicher den Ausspruch, noch hängt die Hose nicht am Kronleuchter, na bitte, in diesem Fall war es mein Slip über der Türklinke, der das Schlüsselloch abdeckte. Wieder das sandige Lachen von Hekuba. Und dann zog sie sich in solcher Windeseile an, daß ich es gar nicht so schnell mitbekam. Und wieder das Lachen. Wäre ich Kostümdesigner, hätte ich ihr schwarze Kniestrümpfe verpaßt. Irgendwie ist alles schwarz an ihr, die Haare, die Augen, das Lachen. Das Gegenstück zu Marie Louise. Gibt es ein schwarzes Lachen? Es gibt. Schwarzes Lachen mit Grübchen. Das Arrangement war nun so: die Wirtin vor der Tür, mein Slip auf der Türklinke, Hekuba angezogen und ich nackt. Ich wollte ärgerlich werden, aber sie lachte, und dann lachte ich mit, etwas anderes blieb mir ja auch nicht übrig. Vorbei, aus, so war es. Aber hinterher war ich auch ganz froh darüber, auf diese Weise bin ich meinem Mariechen treu geblieben.

Ich entschloß mich, früh ins Bett zu gehen, der Zug ging kurz nach sechs; und ich wollte ja auch noch an Marie schreiben und Kafka lesen.

Liebstes Marie Louisechen,

bei mir sind immer erst die Briefe fertig und dann stellen sich die Gedanken ein. Liebt sie mich? Kriegt sie meine Briefe? Oder werfe ich meine Perlen vor die … Säue würde ich bei Dir niemals denken, bei mir schon, denn manchmal bin ich lieber eine als keine, wenn ich an Dich denke, meine Schneckenblume.

Morgen bin ich mein eigener Briefträger, Brief und ich gemeinsam auf der Reise von Berlin nach Hamburg, um 6.20 geht's los. 6.20! Ich hasse das frühe Aufstehen, beim Film sind die Leute so verrückt, es kann ihnen niemals früh genug sein, und wenn man dann da ist, muß man warten, stundenlang. They pay me for waiting, acting is free, soll Olivier gesagt haben. Kann ich voll unterstützen. Aber morgen ist es anders, es geht nämlich zu Dir, und da ist mir alles gleich. Alles, was ich Dir hier schreibe, ist, wenn du den Brief endlich in den Händen hältst, Schnee von gestern. Nur meine Liebe ist Schnee von heute. Schnee? Schnee ist ja kalt, sagen wir lieber Feuer oder lieber beides, meine Gedanken sind Schnee, und mein Herz ist Feuer; damit kann ich mein heißes Herz stündlich kühlen. Grüße bitte leidenschaftlich Deine Augen, Deine Nase und Deinen herrlichen runden roten Mund von mir.

M.a.r.i.o.

Dann wollte ich lesen, aber meine Gedanken gingen mit mir durch, ich mußte an Marie Louise denken; was macht sie jetzt gerade? Betrügt sie mich? Mit Christoph? Oder denkt sie auch an mich? Können meine Gedanken so stark sein, daß sie sie fühlt? Oder hat sie einen ganz anderen und will von mir und meinen Briefen nichts wissen? Wenn sie von mir nichts wissen will, geht es dennoch weiter, denn ich habe sie in meinen Erinnerungen ganz für mich, so lebe ich auch mit ihr; und ich habe genug Erinnerungen, und über das Niendorfer Gehege spreche ich noch. Tatsächlich, ich schwöre es, von den zwölf Seiten, die ich gelesen hatte, habe ich nicht ein einziges Wort mitbekommen, weil ich mit den Gedanken bei ihr war. Ich nahm einen neuen Zettel und schrieb:

Louiseleinichen,

ach, könnte ich Dich auf mein Leinichen hängen, mein Louiselchen, dann wärst Du genau so hoch, wie Du hoch sein müßtest, um Dich dahin zu küssen, wo ich es gern möchte. Außerdem wünschte ich, Du wärst zwölfmal vorhanden, dann könnte ich Dich zwölfmal auf diese berühmte Stelle küssen, einmal hüngst Du auf meinem Leinichen, und elfmal könnte ich Dich überall treffen. Und immer in weißen Kniestrümpfen. Und dann muß ich etwas gestehen, mein lie-

bes Mädchen, ich bin nicht so erfolgreich, wie ich es gern möchte. Vielleicht werde ich kein Kameramann, sondern ich werde Arzt oder Dichter oder Kaufmann, oder ich nähre mich von Affenbrot und werde Elefant. Als Elefant könnte ich Dir mit meinem Rüssel bestimmt imponieren, ich könnte Dich auf ihn setzen und Dich schaukeln, wäre das nicht mal was anderes und schön? Viel lieber wäre ich Elefant als Soldat, und ich soll Soldat werden, wie Du weißt. Aber ich will nicht. Kriegsdienstverweigerer, der ich bin und sein will. Ich kämpfe nur um Dich, um sonst nichts auf der Welt. Schalte mal das Fernsehen an und hör Dir diese geistig behinderten Politiker an, so viel Gequassele auf der Welt für so wenig Gedanken. Und für alle diese Quasseler soll gekämpft werden? Für irgendeinen Furz im Kopf eines Mächtigen soll getötet werden? Ich könnte verrückt werden, dabei bin ich es schon, wenn ich an Dich denke …

M.

PS. Ich bin nicht groß und stark, aber die Schwierigkeiten, die ich gerade habe, werde ich Dir nicht erzählen, es stimmt nicht, daß ich als Kameraassi erfolglos bin …

Ich hätte bis zum Einschlafen schreiben können und auch noch weiter im Schlaf, aber mehr als drei Briefe am Tag mochte ich ihr einfach nicht zumuten. Im Radio noch mal meine Freunde aus Hamburg. Der Titel *Somewhere* traurig und lustig zugleich. Noch besser gefiel mir *Midsummernight*. Und dann konnte ich doch Kafka lesen,und die Stelle, die ich las, paßte wie angegossen. »Ich werde schwer aufzuschütteln sein und bin doch unruhig. Als ich heute nachmittag im Bett lag und jemand einen Schlüssel im Schloß rasch umdrehte, hatte ich einen Augenblick lang Schlösser auf dem ganzen Körper wie auf einem Kostümball, und in kurzen Zwischenräumen wurde einmal hier, einmal dort ein Schloß geöffnet oder zugesperrt.«

Der Zug ging um 6.20 Uhr vom Bahnhof Zoo, ich war schon um sechs dort. Ging in die Halle, um mir die Fahrkarte zu kaufen, dabei hatte ich ein häßliches Erlebnis. Ein junger blasser Mann mit langen zotteligen Haaren hielt ein schwarzhaariges Wesen umarmt. Er saß auf dem kalten Steinfußboden und streichelte ihr Haar. Junge oder Mädchen war nicht auszumachen, aber es wird wohl ein Mädchen gewesen sein, so streichelt man nur ein Mädchen. Beide unter Drogen, Augen fiebrig. Der junge Mann wurde von einem Betrunkenen mit bunten Tätowierungen auf dem gesamten nackten Oberkörper in die Seite gestoßen mit den Worten, laß fallen, brauchste doch nicht noch zu halten. Der junge Mann blickte den Betrunkenen an, als käme er aus einer anderen Welt, umklammerte das Wesen noch fester. Der Betrunkene hielt das Wesen wohl auch für ein Mädchen, er stieß den jungen Mann noch mal in die Seite und sagte, laß sie doch fallen, laß sie doch fallen und liegen, fallen lassen und liegen, fallen und liegen lassen …

Die Menschen drängelten, auch wenn sie es gar nicht mußten, der Zug war eher leer als voll. Kaum saß ich, mußte ich an das schwarzhaarige Wesen im Arm des jungen Mannes denken. Die beiden bestanden nur aus Hüllen, die Seelen waren längst woanders, ein bißchen Liebe hielt sie noch zusammen. Wie lange haben sie noch zu leben? Meine Gedanken wurden durch drei Jugendliche und zwei ältere Damen unterbrochen, die sich ins Abteil zwängten. Ich saß in Fahrtrichtung in der Ecke. Sitze immer lieber in Fahrtrichtung. Die beiden älteren Damen, eine mit Nickelbrille, in blauen Blusen mit weißen Kragen, dazu weißes Häubchen, wahrscheinlich Nonnen oder Schwestern, versuchten ihre Koffer ins Gepäcknetz zu hieven. Vergeblich. Bin mal gespannt, dachte ich, ob einer der Jugendlichen helfen wird. Jugendliche nenne ich alle, die etwas jünger sind als ich. Aber keine Anstalten. Dann half ich. Schwer, was haben Nonnen oder Schwestern so Schweres zu tragen? Beinahe kriegte ich den einen Koffer nicht hoch, wäre glatt mit dem Koffer umgefallen, wenn die Damen nicht geholfen hätten. Ich blickte die Jugendlichen sauer an, die sauer zurückblickten, was haben die sauer zu blicken, ihr hättet ruhig helfen können, sagte ich. Sie können sich nicht vorstellen, wie blöde die guckten, wieso, du hilfst doch, erwiderte einer mit sehr kurzen Haaren. Stoppelbürste. Mach uns nicht an, du Idiot, sagte so'n schwarzgelocktes Jüngelchen. Gegenteil von einer Stoppelbürste. Lang und klebrig. Der dritte hatte schon eine ziemliche Glatze, dünne blonde Fusseln. Alle waren dünn, blaß und picklig. Die Schnürsenkel waren bei allen dreien offen, bei mir auch. Ich band meine sofort zu, wollte keine Ähnlichkeiten mit denen aufkommen lassen, setzte mich in die Ecke und tat, als ginge mich die ganze Sache nichts mehr an. Aber die Blicke von denen waren nicht von schlechten Eltern, besonders der mit der Stoppelbürste blickte mich durch seine schwarze Hornbrille an, als hätte ich ihn gerade erschießen wollen. Mit weitaufgerissenen Augen, er wartete nur darauf, daß ich zurückblickte, um tierischen Krach zu machen. Aber ich wollte mich mit denen nicht anlegen. Die Dame mit der Nickelbrille zeigte auf mich und sagte mit einer ziemlich lauten, heiseren Stimme, der junge Mann hat uns geholfen, und das war sehr nett von ihm. Sie blickte den Jugendlichen über den Rand der Nickelbrille in die Augen, sehr direkt, besonders in die herausfallenden Augen der Stoppelbürste, und die kuschten. Die Augen der Stoppelbürste schlossen sich auf Normalgröße. Feiglinge, dachte ich, war aber froh, daß sie das gesagt hatte, und der Blick von ihr imponierte mir, wahrscheinlich eine Obernonne oder Oberschwester, ihr Ton ließ keinen Widerspruch zu. Respektsweib. Die drei blickten mich immer noch feindlich an, wenngleich schon weniger. Das wäre eine Situation für meine Mutter gewesen. Sobald jemand feindlich blickt, interessiert sie sich für den oder die, nichts interessiert sie mehr als Leute, die feindlich oder unfreundlich blicken, gerade mit denen versucht sie ins Gespräch zu kommen und ist besonders freundlich zu ihnen. Wenn sie aber nichts erreicht, es nicht schafft, Feindlichkeit in Freundlichkeit umzuwandeln, ist sie deprimiert. Was kümmern dich ausgerechnet diese feindseligen Menschen, habe ich sie oft gefragt, ausgerechnet die, dann blickt sie mich an und weiß keine Antwort. Ich ... ich ..., und mehr als ich kommt dann nicht von ihr. Ich nehme an, als Schauspielerin, mit all den arroganten, ungerechten Despoten, möchte sie nur freundliche Leute um sich herum haben. Auch in der Straßenbahn oder im Bus oder im Zugabteil. Sieh doch einfach weg, habe ich ihr gesagt, aber sie kann nicht anders, wie ein Magnet zieht Unfreundlichkeit sie an. Immer versucht sie, Kollegen und Regisseure freundlich zu stimmen, und wenn sie nichts erreicht und die Unfreundlichkeit sich durchsetzen konnte, an Holger wäre sie verzweifelt, geht sie in Antiquitätenläden, beschäftigt sich mit altem Zeugs, ohne daß sie je etwas gekauft hätte. Wenn ich Psychologe wäre, würde ich sagen, wenn's bei deiner Mutter im Beruf nicht klappt, möchte sie es zu Hause warm und gemütlich haben, möchte sie sich in die heile, alte Welt kuscheln, von ihr behütet werden, deswegen die Antiquitäten. Zu mir würde er wahrscheinlich sagen, und bei dir sind es Gullys und Autonummern, mit den Autos bist du schnell weg, und aus den Gullys kommt der ganze gemeine Gestank, der dich geärgert hat, und verzieht sich.

Ich blickte auf die drei Jugendlichen, die wiederum blickten häufiger auf die Obernonne, die freundlich zurückblickte, selbst die Jugendlichen hatten, obwohl schwer von Kapee, begriffen, daß die Obernonne eine Respektsperson war. Mich schienen sie vergessen zu haben, was mir recht war. Sie fingen sogar an zu lachen, sieh an, dachte ich, es sind nur Typen, die von selbst auf nichts kommen, sie werden im ganzen Leben nie auf etwas kommen. Die Obernonne putzte ihre Nickelbrille mit einem zu großen Taschentuch, das sie aus der Rocktasche zog. Sie hauchte und putzte und hielt dann die Brille gegen das Licht. Das machte sie mehrere Male, dann nickte sie, als sei sie mit dem Putzresultat endlich einverstanden, schob die Brille auf die Nase, faltete das zu große Taschentuch zu einem kleinen rechteckigen Paket zusammen und steckte es mit der Linken, einen Bogen in der Luft beschreibend, in die Rocktasche zurück, während sie mit der Rechten ein dickes Buch auf den Schoß bugsierte und aufschlug. Sah aus wie ein Ritual. Ich mußte lachen, jeder Griff saß, gerade deswegen sah es komisch aus, wie hundertmal geübt, hätte verstanden, wenn die Jugendlichen auch gelacht hätten, aber sie sahen der Vorstellung mit offenen Mündern zu. Erst als die Obernonne sie anlachte, lachten sie zurück. Dann begann sie zu lesen, wahrscheinlich die Bibel. Die dünne Nonne las die *Morgenpost*, die sie dicht vor die Augen hielt. Mußte tierisch kurzsichtig sein. Die drei Jugendlichen begannen sich Zigaretten zu drehen, obwohl das Abteil ein Nichtraucherabteil war. Das war eine Vorstellung ganz anderer Art. Übung hatten sie im Drehen von Zigaretten nicht. So ungeschickte Hände habe ich noch nie gesehen, ich meine, mich stören einfach Hände, die nichts fertigkriegen. Ich habe nichts gegen dreckige Hände, mit schwarzen Fingernägeln und Schwielen, abgearbeitete Hände, im Gegenteil, die mag ich, die sehen ja so aus, weil sie zupacken konnten, etwas fertiggebracht haben, aber bei den dreien? Ihre Finger krabbelten um den Tabak und ums Zigarettenpapier, wie Spinnenbeine, die ja trotz ihrer Länge auch nichts fertigbringen, ein Wunder daß überhaupt etwas Rauchbares zustande kam. Die Obernonne hörte auf zu lesen und sah über den Rand ihrer Nickelbrille den Jugendlichen zu, wie sie kleine krumme Hüllen produzierten, gerne hätte ich gewußt, was sie dachte. Als die Jugendlichen ihre Endprodukte in den Mund schoben und anzündeten, brannten die ersten zwei Zentimeter lichterloh, weil der Tabak aus den Spitzen gefallen war. Ich dachte, die Obernonne würde nun schimpfen, war ja ein Nichtraucherabteil, im Gegenteil, sie griff in die Rocktasche, mit dem Arm wieder einen Bogen in der Luft beschreibend, zog ein silbernes Etui hervor, öffnete es, es sprang mit einem Klick auf, wie der Deckel einer Taschenuhr, holte ein Zigarillo hervor, schob es lässig in den Mund, beugte sich zu dem schwarzgelockten Jüngelchen und sagte, Feuer bitte. Der Schwarzgelockte verschluckte sich, er hustete, nickte und fummelte ungeschickt ein Feuerzeug aus seiner Hosentasche, das er nicht anbekam. Die Stoppelbürste war erfolgreicher und hielt ihr sein kümmerliches Flämmchen hin. Gib's mir mal, sagte die Obernonne, nahm es ihm aus der Hand, stellte die Flamme höher, pff, eine fünf Zentimeter lange Stichflamme, die Obernonne lächelte und machte sich ihr Zigarillo an. Mir auch, sagte die Kurzsichtige mit der *Morgenpost*. Mit einem Klick sprang der Deckel des Etuis wieder auf, die

Kurzsichtige nahm sich ein Zigarillo, die Obernonne hielt ihr die Flamme unter die Nase, und, das werden Sie kaum glauben, die Kurzsichtige saugte den Qualm des schwarzen Zigarillos hinein, als wär's reinste Alpenluft, ein langer Sauger, das Zigarillo verglühte um beinahe einen Zentimeter, und nach einiger Zeit entwichen aus der Nase paar spärliche Qualmer. Das sind Züge, dachte ich, und das sind Nonnen, und ich begann beide zu mögen.

Wo war mein Taschenkalender? Nicht in der Brieftasche, wo er gewöhnlich steckte, nicht in der Westen- oder Seitentasche, wo war er? Hatte ich ihn verloren? Liegenlassen in der Elisenstraße? Ich führe nämlich so eine Art Tagebuch, notiere den Tagesablauf, alles was ich für wichtig halte, um zu wissen, daß ich auch wirklich was getan habe. Wo mag er sein? Ich stand auf, blickte mich auf meinem Eckplatz um, ob mir der Taschenkalender vielleicht aus dem Jackett oder der Hosentasche gefallen war, nein, nichts. Die Obernonne fragte mich, ob ich was vermißte. Ja, einen schwarzen Taschenkalender, so groß, zeigte ich. Nun suchten die Obernonne und die Kurzsichtige, mit den Zigarillos in den Mündern, sicher wird ihn die Kurzsichtige finden, dachte ich, so ist es immer, das sind die kleinen Überraschungen, immer finden's die, von denen man es nicht erwartet. Sah komisch aus, wie die beiden mit ihren weißen Häubchen und den Zigarillos im Mund auf dem Boden rumkrochen und meinen Taschenkalender suchten. Haben Sie ihn vielleicht zu Hause gelassen? fragte die Kurzsichtige. Nein. Mir fiel ein, ich hatte ihn ja noch in der Hand, als ich die Fahrkarte kaufte, ich hatte nach Kleingeld gesucht und alles aus den Hosentaschen hervorgekramt, sammelt sich 'ne Menge an, abgebrochene Streichhölzer, zerquetschte Rosinen, Bindfaden, Fussel, ein halber Kaugummi, auch einige Groschen und zwei Markstücke. Die Markstücke hatte ich der Fahrkartenverkäuferin gegeben, dabei hatte ich den Taschenkalender in der Hand. Es ist zum Kotzen, immer vermisse ich was, immer suche ich was. Die Obernonne setzte sich wieder und ließ die Kurzsichtige suchen, sie faltete die Hände und betete, immer noch mit dem Zigarillo im Mund, wahrscheinlich betete sie, daß mein Taschenkalender gefunden wird. Lieber heiliger Antonius, hilf mir, daß ich meine Brille wiederfinde und so. Die Katholiken haben's gut, für alles haben die einen Heiligen, Antonius zum Wiederfinden von Dingen, Florian gegen Brände und ... da, sagte die Kurzsichtige und zeigte auf den Hintern von Stoppelbürste, er saß drauf, eine Ecke vom Taschenkalender lugte hervor. Das hatte er nicht mit Absicht gemacht, und so sah es auch die Obernonne, er ist Ihnen bestimmt beim Raufbugsieren der Koffer rausgefallen, sagte sie, und Stoppelbürste gab ihn nicht mir, sondern der Obernonne, mit mir wollte er noch nichts zu tun haben. Kein einziger Blick aus seiner schwarzen Brille traf mich. Ich bedankte mich bei beiden, Stoppelbürste murmelte etwas, unverständlich, und ich schrieb in meinen Taschenkalender: Um vier Uhr aufgestanden, Miete auf den Nachttisch gelegt, 789,00 DM. Dann fiel mir

nichts mehr ein. Ich blätterte in meinem Taschenkalender und fand folgende Stelle: Hekuba findet komische Ohren zum Totlachen. Man kann den Charakter an den Ohren erkennen, sagt sie, sie sind mehr Spiegelbild der Seele als Augen. Für mich sind Ohren nur Gewächse, merkwürdige weiche Blätter, habe ich ihr geantwortet. Und ich dachte, warum weiß ich nicht, was Marie Louise für Ohren hat? Kleine ... ja ... Warum weiß ich nicht, wie ihre Ohren aussehen? Ich schrieb in meinen Taschenkalender:

Meine Große,

Ich weiß nicht, wie Deine Ohren aussehen. Klein, nicht? Sehen sie aggressiv aus? Nein. Bestimmt nicht. Du hast hübsche Ohren, das ist eine Tatsache, weil alles an Dir hübsch ist. Aber warum sind sie auch immer unter Deinen langen blonden Haaren versteckt? Ich fahre mit zwei Nonnen im Zug nach Hamburg, die beiden rauchen wie die Schlote und haben gebetet, daß ich meinen Taschenkalender wiederfinde. Ihre Gebete haben geholfen, er war nicht unter die Räder gekommen, sondern unter den Hintern eines jugendlichen, unangenehmen Menschen, den ich Stoppelbürste nenne, denn aus seinem Gehirn kann es nur stoppelig wachsen. Betest Du auch? Ich kann mir Dich betend gut vorstellen, aber schließe Deine hübschen dunklen Augen nicht, der liebe Gott soll sich an Dir erfreuen, wie ich es tue. An Deinen glänzenden blonden Haaren, die Deine schönen Ohren verstecken, an Deinen schönen langen Beinen und Deinen weißen Kniestrümpfen. Wie machst Du es nur, daß sie immer weiß sind? Ich für meinen Teil glaube nicht an den lieben

Gott, mein Gehirn kann ihn sich einfach nicht vorstellen; ich glaube auch nicht an eine Religion, für mich sind alle Religionen dumm und für die Menschen gefährlich und tödlich, was wird gerade jetzt in der Welt für die verschiedenen Götter rumgeballert, dennoch glaube ich an etwas, an was? Ich bin gewissermaßen ein religiöser Mensch ohne Religion. Ich glaube an eine höhere Intelligenz, die unsere Gehirne so geschaffen hat, daß wir nie dahinterkommen, wer unser Schöpfer ist, und der uns Menschen so klug dumm gelassen hat. Alexander Romanowitsch Lurija, der größte neuro-psychologist of our time, sagte, for me, our life is just a passage, and I am at the far end – and I have no reason to quarrel with it. Marie Louischen, so viel Englisch kannst Du doch, nehme ich an. Ich meine, unser Schöpfer oder Erfinder hat uns auch ganz schön im Stich gelassen, was wissen wir schon Genaues, was danach kommt. Ich meine, wenn wir den Löffel abgegeben haben, wie meine Mutter immer sagt. Nur abstraktes Zeugs, hoffen, glauben, rätseln, Ende der Durchsage, nicht für'n Sechser Konkretes, z. B. ich war schon mal gestorben, und es war im Himmel so und so oder in der Hölle so und so. Gemein von dir, lieber Erfinder, lieber Schöpfer, lieber Gott, für dich wäre es eine Kleinigkeit gewesen, uns ein Gehirn mitzuliefern, das über den Tellerrand des Lebens hinausdenken kann. Nichts ist, wie es sein könnte, unser Kleinhirn ist nur fürs Stänkern gut. Glaubst Du, daß es im Universum Zufälle gibt? Ich nicht. Alles folgt bestimmten Regeln. So ich, wenn ich so rigoros hinter Dir her bin. Ich folge den Regeln des Universums, meine Kleine, in den Regeln des Universums findet man auch 2678 Stellungen für die Liebe, die Stellungen des Mario und der Marie Louise. Da haben wir zu tun, göttliche Arbeit, wollen wir die Stellungen auch nur halbwegs zufriedenstellend beherrschen. Die beiden Nonnen rauchen und lesen die Bibel und haben von den 2678 Liebesstellungen des Mario und der Marie Louise noch nie gehört. Sie überlassen die großen Probleme dem lieben Gott, die kleinen lösen sie selbst, und gut lösen sie die kleinen, besonders die Obernonne, hättest mal sehen sollen, wie sie die Stoppelbürste angeblickt hat, über ihren Nickelbrillenrand, keine Widerrede, stumm wie'n Fisch blieb das Großmaul. Die ist bestimmt gläubig und super. Wem überläßt Du Deine großen Probleme? Mir kannst Du sie überlassen, denn ich mache alles für Dich, aber das weißt Du. Was ich jetzt am liebsten mit Dir machen würde? Am liebsten würde ich mit Dir nackt im warmen Sommerregen tanzen, Deine langen Haare zu einem Dutt flechten, so einen Pferdeapfel auf dem Kopf, Du weißt schon, was ich meine, und dann würde ich mir Deine Ohren ansehen und hineinflüstern: Ich liebe Dich tierisch.

Dein Problemelöser Mario.

Irgendwann kam ein Intellektueller in unser Abteil, der drückte sich mir gegenüber neben die Obernonne und blickte säuerlich. Ihm gefiel wohl nicht, daß in einem Nichtraucherabteil geraucht wurde. Er rümpfte die Nase und murmelte halblaut vor sich hin, das ist hier ein Nichtraucherabteil. Die Obernonne blickte auf ihn herab und sagte, wir haben daraus ein Raucherabteil gemacht, wollen Sie auch rauchen? Das sagte sie sehr freundlich und bestimmt, so daß der Intellektuelle nur noch vor sich hin murmelte. Obwohl er ja recht hatte. Aber er konnte recht haben, wie er wollte, ich mochte ihn einfach nicht. So'n deutscher blonder angeglatzter Analytikertyp, um die Vierzig, nur Kopf, keinen Bauch. Dramaturgentyp, würde mein Vater gesagt haben, die können einem das ganze Leben versauen. Sein ganzes vierzigjähriges Leben läuft es ihm wahrscheinlich säuerlich durchs Gehirn, ich mochte ihn einfach nicht ansehen, kein Zentimeter in seinem Gesicht war angenehm. Ich blickte aus dem Fenster und staunte, was man alles in der ehemaligen DDR an Fertighäusern aufstellte. Wäre auch was für meinen Vater gewesen. Überall, wo wir waren, auch im Ausland, im Urlaub, sah er sich Häuser an, ich haßte das, mir taten als Knirps die Beine weh, immer mußten meine Mutter und ich mit, hör auf mit dem Scheiß, du kannst dir doch kein Haus kaufen, sagte ich. So'n richtigen Häuserfimmel hat er, bei ihm stapeln sich Kataloge über Häuser und Fertighäuser, manche rot unterstrichen, meistens die billigsten, ob von Gussek, Nordmark, Fingerhut, Okal oder wie die Firmen alle heißen, warum sammelst du die Kataloge, fragte ich ihn. Häuser sind mein Traum, antwortete er, als Schauspieler meiner Kategorie kann ich mir keins leisten, ich weiß das, aber ich träume gern. Und wer weiß, vielleicht habe ich eines Tages Glück, wie Stallone oder Schwarzenegger, die als Schauspieler noch nicht mal in meiner Kategorie sind ...

Züge machen mich müde, besonders wenn man um vier aufgestanden ist. Und immer mußte mein Blick an diesem Analytikertyp vorbei, am besten, ich schließe die Augen, dachte ich, und schlafe. Die drei Jugendlichen mochte ich ebenfalls nicht ansehen. Und die Obernonne? Die ja, aber die las, und lesende Frauen sehen nicht gerade spannend aus, besonders wenn sie die Bibel lesen, und das habe ich herausgefunden, Leute, die die Bibel lesen, sehen alle gleich langweilig aus. Können Sie mir glauben, prüfen Sie's nach. So'n untertäniger Ausdruck. Bibelleser blättern auch anders um, betulich, sehen Sie sich mal an, wie bei Grisham umgeblättert wird, rums, weg mit der Seite. Auch die Obernonne las die Bibel mit einem heiligen Ausdruck, gern hätte ich sie fotografiert mit einem Heiligenschein überm weißen Häubchen. Meine Fahrkarte hatte ich in meiner Hosentasche, und ich hoffte gleich aufzuwachen, wenn der Schaffner kommen sollte. Kein Problem, dachte ich, denn ich habe einen sehr leichten Schlaf, aus dem Bett stehlen kann man mich nicht. Meine Mutter brauchte mich nie laut zu wecken, sie sagte einfach Mario, und ich stand auf. Die meisten haben Schwierigkeiten mit dem Aufstehen, noch zehn, noch fünf, noch zwei Minuten, bitte, und dann schlafen sie fest wie die Ochsen. Ich weiß nicht, wie Ochsen schlafen, aber ich nehme an, sie schlafen fest. Auch Christoph wird nur wach, wenn die Blase drückt, den Wecker überhört er einfach, und wenn seine Mutter kommt und sagt, hast du den Wecker nicht gehört, sagt er, ja, habe ich, und schläft weiter, er kümmert sich einfach nicht ums Aufwachen. Ich schloß die Augen und versuchte gleich einzuschlafen. Ich bin sehr ungeduldig, sehr, wenn ich etwas will, will ich es immer gleich, alles kommt mir immer zu spät, auch jetzt mit dem Einschlafen. Ich wurde sauer auf mich, daß ich nicht einschlief, obwohl meine Glieder ganz schwer waren, aber mir schossen lauter Gedanken durch den Kopf. Ich konnte die Gedanken nicht abstellen, und das ärgerte mich. Dabei war es dummes Zeug, was ich dachte, und mit dummem Zeug und Ärger kann man nicht schlafen, ich weiß das, und dann drückte es meinen Hals, und wieder hatte ich den obersten Kragenknopf zugemacht, und dann war ich weg, ganz plötzlich. Wahrscheinlich, weil ich an die Wahrsagerin gedacht hatte, die Christoph und ich vor zehn Jahren auf dem Isemarkt getroffen hatten und die mir gesagt hatte, daß Christoph meine Freundin heiraten werde ... das mochte ich nicht hören, und so versackte ich in ein tiefes schwarzes Loch ...

Um 10.05 lief der Zug im Hamburger Hauptbahnhof ein. War ein Schaffner gekommen, war keiner gekommen, ich weiß es nicht, ich habe tief geschlafen. Der Analytikertyp hatte mich geweckt, er trat mir auf die Füße, als er mit seinem Köfferchen mindestens zwanzig Minuten vor Einfahrt in den Hauptbahnhof das Abteil verließ. Ich half den Nonnen wieder, die Koffer aus dem Netz zu hieven, die drei Jugendlichen saßen genauso dumm herum wie beim erstenmal, dabei fiel mir der Taschenkalender ein zweitesmal aus der Hose, und wieder hatte ich es nicht bemerkt. Die Obernonne hielt ihn mir unter die Nase, versuchen Sie ihn mal woanders unterzubringen, so werden Sie ihn bestimmt verlieren, sagte sie. Danke, erwiderte ich, das werde ich, und steckte ihn in die Westentasche. Ich glaube, ich war der Obernonne sympathisch, passiert nicht häufig, daß ich jemand bei der ersten Begegnung sympathisch bin. Schade, daß ich die ganze Zeit verschlafen hatte und nicht mit ihr ins Gespräch gekommen war, aber vielleicht war es gut so, denn nun war ich frisch, ausgeschlafen genug, um am Abend Marie Louise und Christoph zu sehen. Mein Herz schlug gleich höher. Mit Christoph hatte ich mich um zwanzig Uhr in der Glocke verabredet. Ich wußte natürlich nicht, ob ich Marie Louise sehen würde, aber ich hoffte es, sie wußte ja durch Christoph, daß ich heute …

Die Träne quillt, mein Hamburg hat mich wieder, sagte ich vor mich hin, das sagt mein Vater immer, wenn er länger fort war. Ich sage überhaupt vieles, was mein Vater sagt, obwohl ich es meistens gar nicht gut finde, was er sagt. Auf dem Bahnhof wimmelte es von Abreisenden und Angekommenen wie Ameisen, es drückte und schubste in alle Richtungen, dazwischen auch noch Bummler, die nur auf den Bahnhof gekommen waren, um zu frühstücken oder etwas einzukaufen, dazu die Schlucker mit ihren Bierdosen, die mit Drogen vollgeknallten Schläfer in ihren vollgepißten Ecken, der ganze Bahnhof eine Rumpelbude, obwohl er gerade erst renoviert worden war. Wie eine mit zu vielen Möbeln vollgeramschte dreckige Wohnung. Unsere ist auch viel zu voll, ich hasse das. Wenn ich mich mal einrichten werde, dann nur ganz wenig, bestimmt, Tisch, Bett und Stuhl, mehr nicht. Dann mit

Rollschuhen durch die Wohnung. Eine Tischtennisplatte ist mein Tisch, und die Wände bemale ich oder hänge meine Gullybilder dran, Schluß. Meine Gullybilder sind dann die Schönheit in meiner Wohnung. Und Marie Louise natürlich, die überall ist, wo ich bin, wir werden keine Möbel haben und keine Kleider tragen, aber mit meinen Rollschuhen bin ich immer hinter ihr her … Doch was interessiert uns eine Wohnung, laß uns lieber das Weite suchen, Marie Louise, irgendwohin, wo es keine Männer, vor allem nicht Christoph gibt, keine Kameraleute, kein Filmteam und keinen Winter. Amerika, Nordkalifornien, bißchen nördlich von San Francisco, wo es den Wein gibt, und dann singen wir beide beschwipst und heiter, der Mond ist aufgegangen, und vergessen, was so gemein in Hamburg und Berlin war …

Die Nonnen hatten sich mit anderen Nonnen zu einem Stehverein vor dem Zug versammelt, von oben, ich war schon die Treppe rauf, sah es aus, als bewegten und drehten sich lauter weiße Häubchen, nach links, nach rechts, im Kreise. Dreht euch, dreht euch, dreht euch im Kreise, den Song kennen Sie sicher, ein Häubchenballett. Die Obernonne stand in der Mitte, und die anderen Häubchen drehten sich nur ganz kurz weg von ihr, dann wieder zu ihr, aber zeitlich unterschiedlich, wilde Drehungen von weißen Häubchen, als wollten sie jemand den Krieg erklären. Vielleicht waren es auch gar keine Nonnen, sondern eine Heilsarmee, eine Armee der friedlicheren Sorte, eine Zigarilloarmee, wer weiß, ich hatte es versäumt, zu fragen, hab's verschlafen, mit dem tiefsten Schlaf meines Lebens, nun werde ich es nicht mehr erfahren, wer diese Häubchenladys waren. Und die drei Jugendlichen? Weg. Habe sie nicht verschwinden sehen. Kann mir nur recht sein, bin nicht scharf drauf, sie wieder zu treffen. Kaum dachte ich das, überholten sie mich, sie waren hinter mir die Treppe raufgestiegen. Wunderte mich, daß sie mich in Ruhe ließen, nicht anrempelten, sie zogen an mir vorüber und kicherten. Die Stoppelbürste drehte sich ins Profil und spuckte auf den Boden. Das galt mir, ich spuckte ebenfalls auf den Boden, was die drei nicht sahen; aber gehört hatten sie's, ich holte die Spucke so laut wie möglich hoch, von innen, Sie wissen schon, wie das geht. Kein Happy-End mit den dreien.

Ich schleppte meinen Koffer, der mir wie immer bei jedem Schritt an die Wade schlug, Richtung Schließfach, hatte mir vorgenommen, durch die Stadt zu bummeln, zu frühstücken, gleich hier auf dem Bahnhof, und die Zeit totzuschlagen. Bis zum Abend. Blöder Ausdruck, Zeit totschlagen. Stellte mir vor, wie jemand mit dem Stock auf die Zeit eindrosch. Und wenn sie tot war, was dann? Wären wir ohne Zeit nicht viel besser dran? Marie Louischen würde nie älter, bliebe immer jung und schön, was wollte ich mehr. Der Nachteil wäre, daß ich so bliebe, wie ich war, nicht schöner, nicht weiser … Nachdem ich meinen Koffer los war, bestellte ich mir an einem dieser Imbißstände zwei Brötchen und Honig. Honig hatten sie nicht. Nur Marmelade. Ovomaltine? Hatten sie nicht, nur Kaffee. Ich hasse Kaffee, werde nervös davon, außerdem ist er bitter, aber einmal muß ich ja mit Kaffee anfangen. Die Sahne verpackt, die Marmelade verpackt, die Butter verpackt, nur die Brötchen unverpackt. Der Verkäufer hustete, Erkältungshusten, erst auf die Brötchen, dann in die Hand, mit der er mir die Brötchen reichte. Wenn ich ihn gebeten hätte, die Brötchenzange zu benutzen, die daneben lag, hätte ich Krieg gehabt. Der sah so aus, als würde er mit jedem und wegen allem Krieg führen. Jeder Millimeter in seinem Gesicht war eine Kriegserklärung. Bis auf die Obernonne hatte ich heute nur Ekelgesichter gesehen. Ich trank den Kaffee, zog am Schnipsel der Sahnedose, um sie zu öffnen, und es spritzte mir aufs Hemd. Ein Fleck, den man nie rausbekommt. Ich goß die Sahne in den Kaffee und beobachtete, wie sie sich in der braunen Brühe heraufwälzte, Wolkenbildungen, schwerste Gewitterwolken kamen mir entgegen. Die verhusteten Brötchen ließ ich liegen.

Ich dachte darüber nach, ob ich von Herzen gern Hamburger war. Dieser Verkäufer gewöhnte mir Hamburg ab. Hamburger nein, Eppendorfer ja. War ich wirklich Eppendorfer? Ja und nein. Bin ich da, will ich weg, bin ich weg, will ich hin. Zu wem will ich hin? Zu Marie Louise, zu Christoph, ja, zu meinen Eltern nicht unbedingt. Ich wurde in Eppendorf geboren, aber was noch? Zur Schule gegangen. Was noch? Im Abendrothsweg gewohnt, wohne ich immer noch. Was noch? In der Glocke meinen ersten Joint geraucht. Was noch? In der Schrammstraße das erstemal geliebt, nicht Marie Louise. In einem VW. Sie war sechzehn, ich war sechzehn. Du mußt dich auf mich rauflegen, sagte sie, aber wie? In einem VW? Ich versuchte, die Beine zwischen die Vordersitze zu schieben, und immer kam ich mit dem Fuß an die Hupe. Ich meine, wie sollte das funktionieren, und noch beim ersten Mal, wenn man mit dem Fuß immer an die Hupe kam? Und dann klopfte noch ein Mann an die Scheibe, ob alles in Ordnung sei, fragte er. Da war es vorbei. Sie weinte und behauptete, sie bekomme nun ein Kind, weil ich sie geküßt habe. Bekommt man Kinder vom Küssen? Nie, sagte ich, aber sie weinte. Und dann betete sie. Warum betest du, fragte ich. Ich bete, damit ich kein Kind kriege, bete du auch. Na gut, sagte ich, dann bete ich auch. So war das. Gebetet haben wir viel länger als uns geliebt. Was noch? Theater gespielt. Darstellendes Spiel. *Ein Sommernachtstraum*. Zettel gespielt oder Pyramus. Damals entschloß ich mich, nie Schauspieler zu werden, ich hatte so ein Lampenfieber bei der Premiere, daß ich nur noch stammelte, von Text keine Spur. Hatte meinen Eltern gesagt, sie sollten nicht zur Premiere kommen. Meine Mutter kam auch nicht, aber mein Vater. Als ich ihn sah, hatte ich alles vergessen. Mein Vater fand mich ganz toll. Mein Vater findet mich immer ganz toll, wenn ich ganz schlecht bin. Auch wenn ich eine Fünf geschrieben hatte, fand er mich toll. Wie kann man das toll finden, habe ich ihn mal gefragt. Da hat er nur gelacht. Kein Kommentar, hätte er sagen müssen, wenn er Politiker wäre, aber er ist nun mal Schauspieler. Eine

Eins zu schreiben ist das leichteste auf der Welt, damit kann man gut leben, mit einer Fünf läßt es sich viel schwerer leben, sagte er, und ich schätze es, wenn ein Mensch den schwereren Weg wählt. Dabei lachte er, und er hatte wohl das Gefühl, einen guten Witz gemacht zu haben. Das war sehr gemein von ihm, und in Wirklichkeit bin ich meinem Vater nur wurscht. Ich interessiere ihn einfach nicht, er glaubt, seine Schuldigkeit getan zu haben, wenn er mich vierteljährlich erzieht, wenn er mir Geld gibt und es nicht zurück will, wenn er mich gut findet, wenn ich schlecht bin, und wenn ich ihn ansonsten mit meinem Kram nicht belästige.

Ich hätte jetzt zu meiner Mutter fahren können, bei ihr warten, bis es abends ist, aber zu ihr wollte ich noch weniger. Wenn ich der erzählte, daß ich gefeuert wurde, hätte nur ich schuld und kein anderer. Von Holger würde sie gar nichts hören wollen, sie suchte nur nach meinen Fehlern, immer hat sie an mir etwas auszusetzen, daß sie mich mal gelobt hätte, habe ich noch nicht erlebt. Überhaupt meine Eltern, erwachsen sind sie nicht geworden, benehmen sich immer noch wie Kinder, die sich streiten und versöhnen und sich wieder streiten. Und meistens haben sie Krach wegen irgendwelcher Leute, die der eine mag und der andere nicht. Sie fuhren in den Urlaub, nach Prag und Karlovy Vary, um sich zu versöhnen, aber kamen noch zerstrittener zurück. Was war vorgefallen? In Karlovy Vary waren gerade Filmfestspiele, sie hatten sich einige Filme angesehen, auch da gab es schon Zänkereien, fand

mein Vater einen Film toll, war er für meine Mutter höchstens mittelmäßig, aber den richtigen Krach gab's nach dem Abendessen. Sie waren in einem Restaurant, und an einem anderen Tisch saß der tschechische Ministerpräsident Václav Klaus mit einigen ausländischen Schauspielern, die meine Eltern vom Film her kannten. Der Herr Prime Minister sprach mit näselnder Stimme, so der Bericht meines Vaters, ziemlich arrogant über die westlichen Staatsoberhäupter, stellen Sie sich vor, sagte er zu einem Schauspieler in gutem Englisch, da wollen Major, Mitterand und Kohl ein vereinigtes Europa bauen, und jeder beherrscht nur seine eigene Sprache, ohne Dolmetscher haben sie sich nichts zu sagen, nein, ich war von den dreien nicht beeindruckt. Auch der deutsche Exkanzler Schmidt, bin nicht sehr beeindruckt von ihm. Bin von keinem westlichen Politiker beeindruckt. Ich glaube, die charismatischen Politiker gibt es jetzt hier, in den osteuropäischen Ländern, und damit meinte er vor allem sich, nach Meinung meines Vaters. Nach Meinung meiner Mutter aber war er ganz toll. Schon wie er aussah, elegant und braungebrannt, und dann hat er eine Menge für Tschechien getan, warum sollte er nicht arrogant sein dürfen, wenn er etwas geleistet hat. Gute Leute sollten eben mehr dürfen als andere. Der ganze Kerl gehört in die Operette, sagte mein Vater, und damit war der Krach da. Und als noch ein tschechischer Schauspieler den Herrn Prime Minister über den grünen Klee lobte und mit seiner versoffenen Stimme sagte, alle wollen mit ihm, er zeigte auf den Prime Minister, Tennis spielen, und alle lassen ihn selbstverständlich gewinnen, nur ich will ihn unbedingt schlagen, aber ich schaffe es nicht, er ist zu gut, und der Herr Prime Minister mit dem Kopf nickte und sagte, stimmt, er spiele wirklich sehr gut, und damit klar war, daß er, der Herr Prime Minister, besser als gut spielte, und als der Schauspieler auch noch erwähnte, dabei soll er gequalmt und nur zum Herrn Prime Minister gesprochen haben, die ausländischen Gäste beachtete er gar nicht mehr, daß Whoopi Goldberg im vorigen Jahr da war und er ihren Film schlecht, sogar ganz miserabel fand, in Gegenwart des Präsidenten Havel, der seinerseits Gründe suchte, ihn gut zu finden, und er zum Präsidenten Havel sagte, nein, nein, der Film ist schlecht, ganz schlecht, und das alles nur, um dem Herrn Prime Minister gefällig zu sein, es ist ja bekannt, daß der Präsident und der Prime Minister sich nicht besonders gut verstehen, da hatte mein Vater von Schauspielern und Politikern wieder mal die Schnauze voll, widerlich ist das, murmelte er zu meiner Mutter, schob mehr Geldscheine als nötig unter den Aschenbecher und verließ das Restaurant. Und meine Mutter fand meinen Vater unmöglich, daß er sie da allein sitzenließ. Unglaubliches Benehmen deines Vaters, sagte sie, und ich sagte, ich würde überhaupt nicht in ein Restaurant gehen, das für Regierungsheinis reserviert ist, ich finde die noch mehr zum Kotzen als Vater, und schon gar nicht hätte ich mehr bezahlt als nötig, auf den Pfennig genau hätte ich abgerechnet mit diesen unterwürfigen Kellnern, da murmelte meine Mutter, genau wie der Vater, die gleiche Sippschaft. Warum nicht die gleiche Brut, sagte ich, darauf ging sie ins Nebenzimmer und knallte die Türe zu. Für sie war es Knallen, für mich wäre es Zumachen gewesen, Sie wissen ja, daß meine Mutter behauptet, ein Friedensengel zu sein, daß sie die Harmonie liebt, mehr liebt als Vater und mich. Seit dem Prime Minister sprechen Vater und Mutter nicht miteinander. Immer dasselbe. Jetzt sprechen sie so lange nicht miteinander, wie sie es aushalten. Wer bleibt länger unter Wasser, du oder ich. Keiner will als erster wieder auftauchen, als erster wieder zu reden anfangen. Schwamm über beide!

Zwei Herren neben mir sprachen französisch und waren sehr vornehm, elegant angezogen, die störte es überhaupt nicht, daß der Verkäufer auch bei ihnen in die Hände hustete, bevor er ihnen die Brötchen reichte. Sie sprachen mit vollen Mündern, immer noch vornehm, als würden sie nur über Vornehmes sprechen, dabei sprachen sie bestimmt über so'n blödes Zeugs wie alle. Mit Französisch kann man am besten lügen, es klingt so klug, als gäbe es im Französischen nur kluge Gedanken. Schwamm auch über die. Ja, Marie Louischen, laß uns beide weg von hier, ich habe fünftausend Mark verdient, wenn wir sparsam sind, kommen wir eine ganze Weile damit über die Runden, noch länger natürlich auf 'nem Zeltplatz, wollen wir weg? Läßt du dich zu diesem Schritt überzeugen? Bitte, laß dich überzeugen.

Was machen wir da, würde sie fragen.

Uns lieben.

Was noch?

Aber es gibt die 2680 Stellungen des Mario und der Marie Louise …

Ich denke, es sind 2678…

Mir sind gerade noch zwei weitere eingefallen …

Also nur Sex?

Auch gut essen und reisen …

Und wie lange sollen die Fünftausend reichen?

Ewig.

Und wenn sie doch einmal alle sind?

Stehle ich.

Bankeinbruch? Oder?

Am leichtesten stiehlt es sich auf dem Markt. Hat mir ein Berufsklauer erklärt.

Wie …

Nehmen wir einen Gemüsestand, da steht man lange, man prüft, sucht aus, Tomaten, sind sie zu weich, Äpfel, sind sie zu hart oder schon faul, Zwiebeln, Kartoffeln, Knoblauch; man sucht und vergißt sein Geld neben sich. Und du suchst auch, lehnst dich über den Stand und läßt das Portemonnaie vom Nachbarn in deiner Tasche verschwinden und verschwindest selbst, nicht laufen, im Gegenteil, vielleicht läßt du dir noch vom Verkäufer erklären, warum die Zitronen so unreif sind, du kannst sogar empört sein, daß das Geld vom Nachbarn gestohlen wurde, hier stand gerade jemand neben mir, kannst du antworten und dich umblicken, als würdest du den Dieb suchen, wo ist er …

Da ist er, würde der Polizist hinter dir sagen, und schon hättest du Handschellen um ...

Niemals ...

Woher weißt du?

Ich weiß eben ...

Du weißt gar nichts, du hast gestohlen und wanderst ins Kittchen, schöne Aussichten mit dir ...

Denk doch mal positiv ...

So positiv kann ich nicht ...

Und dann hätten wir vielleicht unseren ersten Streit. Ich stellte mir vor, Marie Louise wird laut, und ich würde sagen, ich habe doch nur einen Vorschlag gemacht, ich kann ja auch Tellerwäscher werden, alle Millionäre waren mal Tellerwäscher, und hör auf, so laut zu sein ...

Ich bin laut?

Ja, du schreist ...

Ich schreie? Bist du verrückt?

Wieso bin ich verrückt, wenn du geschrien hast ...

Du siehst nicht ganz durch, du siehst nie ganz durch, da ist Christoph aus anderem Holz ...

Hör auf, über Christoph zu sprechen, bitte ...

Aber ich mag ihn ...

Das würde mir das Herz zerbrechen ...

Ein Herz zerbricht nicht, ist doch nicht aus Holz, wie soll es also zerbrechen, und deines schon gar nicht ...

Aber Marie, wir müssen uns doch nicht streiten, denke doch an das Eppendorfer Moor ...

Nun würde sie tatsächlich schweigen, ja, das Eppendorfer Moor, ich würde sogar ein dünnes Lächeln auf ihrem Gesicht entdecken, ein dünnes, kaum wahrnehmbar, ich würd's sehen …

Wieso lächelst du, würde ich fragen.

Keine Antwort.

Diese Nacht hat mein Leben verändert, es kann doch nicht sein, daß du … daß du darüber lächelst … Es ist mir unerklärlich, wie zwei Menschen das gleiche erleben mit so unterschiedlichen Resultaten, das kann doch nicht sein! Meine Gefühle, meine Sehnsucht, meine Liebe, meine wahnsinnige Liebe müssen sich doch auf dich übertragen haben! Wie kannst du darüber lächeln?

Wieder keine Antwort.

Nun würde ich sagen, ja, was würde ich sagen, eigentlich weiß ich nicht, was ich sagen würde, ich glaube, ich würde versuchen, den Streit würdig ausklingen zu lassen, zum Beispiel könnte ich sagen, wir können uns im Augenblick wohl beide nicht verknusen, wenn du wenigstens heulen würdest, du könntest deine Augen ruhig auf den Boden senken, auch Tränen wären nicht verkehrt … Und nun könnte ich mir vorstellen, daß Marie Louise zu lachen begänne, immer lauter, sie lachte mich aus, so ist das mit schönen Frauen, wenn sie wollen, können sie alles aus dir machen, einen Dummkopf, einen Hanswurst, einen Nebbich. Und nun richte ich selbst die Augen auf den Boden, weil ich mich schäme, ein Versager zu sein, und noch während ich meine Augen gesenkt habe, fühle ich plötzlich ihre warmen Lippen auf meinem Hals, auf meiner Stirn, auf meinen Augen, auf meinem Mund, oh, meine göttliche Marie Louise, der Streit war ja nur wegen der Versöhnung ...

Führen Sie immer Selbstgespräche, fragte eine Frau neben mir, die ihren Kaffee laut schlürfte.

Ich führe keine Selbstgespräche, gnädige Frau, ich lerne meine Texte, ich bin Schauspieler.

Das muß aber eine komische Rolle sein, mit Lachen und Augenschließen, hoffentlich kriegen Sie die Angebetete auch ...

Wieso kommen Sie auf eine Angebetete, hier handelt es sich um eine klassische Rolle ...

Und da gibt's keine Angebetete?

Sie schlürfte ihren Kaffee und lachte über mich, auch ein Herr gegenüber begann zu lachen, mich störte der Gedanke, daß man mich für einen Idioten hielt. Dabei sehe ich meinen Vater ständig murmeln, alle seine Texte murmelt er, von morgens bis abends, und niemand hält ihn für einen Idioten, wenn der mal nicht murmelt, verdient er auch nichts, so ist das, aber mir glaubt man wohl mein Murmeln nicht ...

Sagen Sie mir lieber, junger Mann, sagte die Frau mit dem Kaffee, wie kommt man zur Hoheluftchaussee?

Ich erklärte ihr so ausführlich ich konnte, wie man am schnellsten dorthin gelangt, und hoffte, daß meine Erklärung klug genug ausgefallen war und sie mich für weniger blöd hielt ...

Danke, sagte sie, dann werd' ich mal zum Taxistand gehen, die werden ja wohl wissen, wo die Hoheluftchaussee ist.

Alte Ziege, dachte ich, und mir kam mein Großvater in den Sinn, der Berliner war, wenn der zum Beispiel in Köpenick gefragt wurde, wie man am schnellsten nach Potsdam kommt, sagte er, warten Sie, ich komme mit, bringe Sie nach Potsdam, Erklären war ihm viel zu umständlich. So war er an vielen Tagen unterwegs, irgendwelche Leute irgendwohin zu bringen. Ich hätte ja die Zeit gehabt, die Frau ebenfalls dahin zu bringen, aber die? Das wollte ich doch nicht, bin eben nicht mein Großvater …

11.45 Uhr. Ich verließ den Bahnhof und setzte mich ins Mövenpick, bestellte einen Whisky, und während ich auf ihn wartete, nahm ich mir einen Bierdeckel und schrieb an meine Liebste.

Liebste.

Allerliebste.

Marie Louischen,

ich bin dir nahe. Im Mövenpick in der Mönckeberger. Ich habe von dir geträumt, habe mit dir gesprochen, Dialoge, die wir nie miteinander hatten, und wurde von einer Frau für meine Gespräche mit dir für einen Idioten gehalten. Ich versuchte dich zu überreden, mit mir aufzubrechen, in die weite Welt, aber du meintest, mit fünftausend Mark würden wir nicht weit kommen. Ich bitte um Verzeihung, es wäre eine Schande für dich, mit so einem erfolglosen Hund wie mir in die weite Welt aufzubrechen. Und dann schlug ich dir noch vor, der Höhepunkt meiner Unverschämtheit, unseren Lebensunterhalt durch Stehlen zu verdienen. Obwohl du von diesem Vorschlag bis zum jetzigen Augenblick nichts wissen konntest, entschuldige ich mich bei dir. Ich setze meinen Namen nicht unter diesen Brief, weil ich mich schäme, ich zu sein.

PS. Gerade überflog ich diesen Brief und stellte fest, daß ich Dich und Du immer klein geschrieben habe. Ich erschieße mich dafür, hier auf der Stelle …

Meinen Whisky kippte ich wie ein Profi, mit einer einzigen Bewegung, einem einzigen Schluck, dabei blickte ich dem Ober ins unfreundliche Gesicht. Ich bestellte noch einen und blickte unfreundlich zurück, den zweiten bestellte ich nur wegen seines unfreundlichen Gesichts. Ich rauchte, trank den zweiten Whisky und fühlte mich richtig wohl. Selbst der Gedanke an Christoph konnte mich nicht erschüttern, ich war der, der ich war, ein bemerkenswerter Mann! Mit einem unerschütterlichen Selbstvertrauen! Und Marie Louise war meine Marie Louise, und niemand sollte es wagen, mir in die Quere zu kommen. Den erschieße ich, wie ich mich eben erschossen habe. Aber nur für Marieieieieie erschieße ich mich, für alle anderen bleibe ich länger am Leben, als sie es sich wünschen, das verspreche ich, besonders Holger …

Meine Mutter sagte einmal, daß ich Christoph nicht das Wasser reichen könne.

Warum kann ich das nicht?

Er ist nicht so labil wie du.

Nanu? Du sprachst doch sonst nicht gut über ihn, und nun, mit einem Mal?

Ich mache mir Sorgen um dich. Wie du über die heutige Zeit kommen wirst. Bei Christoph habe ich überhaupt keine Sorge.

Drücke dich ein bißchen deutlicher aus.

Na ja, die Drogen und Aids …

In eurer Zeit war es nie gefährlich?

Doch, aber anders, ganz anders …

Und ich dachte an meinen ersten Joint mit Christoph. Atme tief ein, sagte er, schlucke es, und halte es, so lange es geht, drinnen, soooo, sagte er, bis in die Zehenspitzen, soooo, und ich versuchte, es schnell und unbemerkt wieder auszupusten, Christoph sollte nicht merken, daß ich feige war, daß ich dieses Zeug gar nicht wollte. Und bei ihm hatte meine Mutter keine Sorge? Aber, aber, erinnere dich an Whisky, Mario. Ja, den trank ich mehr als Christoph, bei Whisky war ich Weltmeister. Christoph mußte kotzen, ich nicht. Bei Kirschlikör waren wir gleich. Den haben wir gemeinsam in die Elbe gekotzt, danach haben wir nie wieder Kirschlikör angerührt. Wir haben gemeinsam gelernt, liebe Mutter. Als Hans Hooger an einer Heroin-Überdosis beinahe starb, wollte Christoph mit dem ganzen Mist nichts mehr zu tun haben. Auf den Müll damit, nie wieder, sagte er, und ich sagte es auch. Wie wird einem mit Heroin, fragten wir Hans später mal.

Ganz pelzig und schwindlig wird einem …

Und das soll schön sein?

Und Christoph sagte, von mir aus sollen sie alles freigeben, frei verkaufen, anbieten, egal, dann haben sie eben einen pelzigen, einen schwindligen Tod. Ich meine, ob die Menschen offiziell im Krieg, unter Mitwirkung des Staates, gestorben werden oder an einer Überdosis krepieren, was macht den Unterschied? Und ich dachte schon damals an Marie Louise, Glück habe ich, dachte ich, ich habe für meine Liebe eine feste Anschrift, eine Adresse, ich hab's nicht nötig, in der Gegend rumzuvögeln, ich habe sie. Und um mich wohl zu fühlen, brauche ich sie und nicht irgendwelche Drogen, und wenn mir pelzig und schwindlig wird, dann vor Liebe, vor Sehnsucht nach ihr. Ja, liebe Mutter, du dachtest schon richtig, aber auch verkehrt, Christoph ist in vielen Dingen mein Vorbild, und das war es, was du nicht mochtest, und in vielen Dingen mein Nachbild, so wie ich nicht sein möchte, nein, ich bin anders, ganz anders … Zehn Bierdeckel hatte ich mittlerweile gesammelt, und wenn ich schön klein schriebe, kämen mindestens zehn Briefe an meine feste Adresse zustande.

Liebe Marie, liebstes Louischen, allerliebstes Marie Louischen,

gerade dachte ich über meine Mutter und Christoph nach, die immer glaubte, Christoph würde mich zu allen Dingen verführen, weil er ein Verführer ist, auch zu Drogen und all dem anderen, Du weißt schon, dem Fremdgehen, aber sie hat unrecht. Ich lasse mich nicht von ihm verführen, ich lasse mich, wennschon, nur von Dir verführen. Ich bin in Hamburg, und ich liebe Hamburg, weil Du in Hamburg lebst. Ohne Dich sähe es bestimmt anders aus, denn Hamburg hat nicht nur freundliche Leute, der Verkäufer heute morgen auf dem Bahnhof war ein Arschloch. Sein Gesicht eine einzige Kriegserklärung. Und ein Herr Bästlein hat ein Buch geschrieben und festgestellt, daß die Hamburger Staatsanwälte und Richter in fünf Jahren, von 1940 bis 1945 aus freien Stücken mehr Todesurteile verhängten als die gesamte SED-Justiz in vierzig Jahren ihrer Existenz, weniger als zweihundert Todesurteile nämlich.

Ja, die lieben Hamburger, denke gar nicht, Mariechen, es gäbe hier die besseren menschen, mit besseren menschlichen Qualitäten, ich möchte Dich vor Fehleinschätzungen bewahren. Auch Christoph ist nur ein mensch, denke bitte immer daran … Ich schreibe mensch bewußt klein, nicht nur bei ihm, überhaupt, denn der mensch verdient nicht, daß er groß geschrieben wird, nur Du, mein Liebes, verdienst es, groß geschrieben zu werden. Mit Dir würde ich auch gern noch mal ins Theater gehen, obwohl ich Theater wegen meiner Eltern so sehr nicht schätze, und mir Shakespeares Liebesdramen ansehen, »Romeo« oder »Der Widerspenstigen Zähmung«, und während der Aktwechsel würde ich Deine Oberschenkel streicheln und mich an Dich kuscheln, und hinterher wäre es ein Vergnügen für mich, ein zweites Mal mit Dir im Eppendorfer Moor zu versinken, und, das schwöre ich, wir wären größer und stärker in unserer Liebe als Käthchen und Petruchio, als Romeo und Julia, als Woody Allen und seine einundzwanzigjährige Adoptivtochter. Ich singe Dir etwas in Dein mir noch immer unbekanntes Ohr, was Du gleich hören wirst, fühlen wirst …

Deiner …

Der Ober kam mit der Rechnung. Wenn ich ihm nicht ins Gesicht blicke, geht es, dachte ich, aber dann sah ich auf seine Finger. Merkwürdig gelbliche Finger, leicht gekrümmt und steif, mit so'nem Riesensiegelring, Finger, die keinen Spaß machten. Schon wie er die Rechnung auf den Tisch legte, als hätte er noch nie eine Rechnung angefaßt, an seinen Fingern konnte ich erkennen, daß er unfreundlich auf mich herabblickte. Finger sprechen eben auch die Wahrheit. Nein, nein, Trinkgeld gab ich ihm nicht, nicht einen Pfennig, aber das Fünfmarkstück, zwölf Mark fünfundsiebzig hatte ich zu bezahlen, warf er sich in seine ausgebeulte Tasche, als ob es sein Geld wäre. Sie schien vom Gewicht der Trinkgelder ausgebeult, er klapperte mit seiner Hand in den Penunzen, richtig genüßlich, als wollte er mir sagen, daß ich ihm noch etwas für seine Tasche schuldete. Ich dachte, du kannst klappern, soviel du willst, von mir gibt's nix. Ich konnte mir sein Gesicht gut vorstellen, aber ich hatte nicht den geringsten Bock, ihn anzusehen. Das habe ich häufig herausgefunden, Leute blicken so zurück, wie man sie anblickt, blickt jemand griesgrämig, blickt man unwillkürlich griesgrämig zurück, lächelt jemand, lächelt man zurück, zornig, zornig, daß jemand die Kraft hätte, seinen eigenen Blick aufrechtzuerhalten, trotz der gemeinsten Gegenblicke, habe ich ganz selten erlebt. Dazu gehört große Kraft, großes Selbstvertrauen. Wenn ich mir aber vorstellte, daß ich den Ober trotz seines unfreundlichen Gesichts freundlich ansehen würde, käme mir der Whisky hoch, den er mir ganz gegen seinen Willen servieren mußte. Ich tippte mit meinem Zeigefinger an die Stirn und stand auf und ließ ihn in seiner Tasche klappern. Er sollte merken, daß ich ihn für einen Nebbich hielt.

Als ich Christoph zum ersten Mal begegnete, in der Wolfgang-Borchert-Schule in der Erikastraße, sah ich ihm ebenfalls nur auf die Finger. Aber im Gegensatz zu diesem Ober faszinierten mich seine. Beinahe zwölf Jahre her. Er kam aus Berlin und spitzte seine Buntstifte mit einem kleinen, silbernen Messer an. Buntstifte und Bleistifte. Mit dem Daumen fuhr er erst über die Klinge, um die Schärfe zu prüfen, und dann schnitt er das Holz seitlich weg, die Buntstiftspitzen zeigten auf seinen Bauch. Mir imponierte das, weil die Spitzen nicht abbrachen, nicht einmal, bei mir immer. Zu Hause übte ich, aber erfolglos. Ich blickte ihm erst auf die Finger und dann ins Gesicht, wollte sehen, wieviel Anstrengung es ihn kostete, die Stifte so mühelos zu spitzen. Nichts zu sehen, keine Anstrengung, nur die Zunge kam aus dem linken Mundwinkel. In der Pause erzählte er über Berlin, daß Berlin viel größer als Hamburg sei, und ich hatte den Eindruck, ihm würde schon der Bart wachsen. Ich hielt ihn bereits für erwachsen, aber das mit dem Bart lag wohl nur am Licht. Ich hatte große Hochachtung vor ihm, wegen der Stifte, des Bartes, der Tatsache, daß er aus Berlin kam, selbst seine roten Haare störten mich nur wenig. Ich sagte, Berlin interessiere mich brennend, ich versuchte es so zu sagen, wie mein Vater es immer sagte, wenn ihn etwas nicht interessierte, dann sagte er nämlich immer, mich interessiert das brennend, wirklich brennend. Ich erinnere mich, daß ich auf Marie Louise blickte, die mit anderen Mädchen Ball spielte, auf ihre immer weißen Kniestrümpfe, und ich hatte den Eindruck, daß sie Christoph hin und wieder betrachtete. Das störte mich schon damals. Zu Hause erzählte ich meinen Eltern von Christoph, wie er Stifte anspitzen könne und daß ihm schon der Bart wachse. Mein Vater schwieg, aber meine Mutter sagte, dir wächst auch schon der Bart, das war's von meinen Eltern, mehr kam nicht, und ich dachte, Jungen, die man verehrt, wenn man ihnen das erste Mal begegnet, verehrt man das ganze Leben, da können meine Eltern reagieren, wie sie wollen …

Wie kann ich das Puzzle in meinem Kopf zusammensetzen, das Puzzle um Marie Louise und meinen Nebenbuhler Christoph, dem ich angeblich nicht das Wasser reichen kann und der, das nehme ich selbst an, der gescheiteste Junge aus Hamburg, richtiger Eppendorf ist, rothaarig, mit klitzekleinem S-Fehler. Wie? Christoph wird es im Leben zu etwas bringen, aber du? Das hat meine Mutter nicht gesagt, aber gedacht hat sie's. Mein Vater hat nie über Christoph gesprochen, er hat sich für ihn genausowenig interessiert wie für mich. Aber für Marie Louise, die ja, die ging mal an ihm in der Husumer vorbei, und er hat ihr hinterhergeguckt und einen Pfeiflaut von sich gegeben, ojoijoi, und er hat gesehen, daß ich das gesehen und sein Pfeifen gehört habe, ich bin nämlich einige Meter hinter ihm hergegangen, aber nicht seinetwegen, sondern

Marie Louises wegen, da hat er mich angelacht, als wüßte er Bescheid, obwohl ich ihm nie etwas über Marie Louise erzählt habe, meine Briefe etwa. Aber die hat ihm gefallen, das war klar, ich kenne seinen Blick, seine Pfeiflaute, die meine Mutter so abscheulich findet. In Gegenwart meiner Mutter pfeift er auch nicht, blickt den Mädchen nur aus flinken Augen auf die Beine, den Hintern. Hintern liebt er besonders, da gibt's manchmal ein richtiges Pfeifkonzert, müßten Sie mal hören, aber mit meiner Mutter ist Ruhe angesagt, er hat keinen Bock auf ihre Langzeitmieselaune, die dann folgt. Vier Wochen kein Gespräch für einen Blick auf einen Mädchenarsch lohnt sich für ihn nicht. Rechnet sich nicht, macht keinen Sinn, jetzt, in Berlin, kann er blicken, soviel er will.

Ich erzählte Ihnen schon, daß mein Vater alle Vierteljahre das Gefühl hat, er müsse etwas für meine Erziehung tun. Vielleicht vier Wochen her, da war wieder einmal eine Gelegenheit, seine Erziehungsmaßnahmen an den Mann oder an Mario zu bringen. Ich sagte, als wir gemeinsam Nachrichten sahen, kommt nicht häufig vor, daß wir gemeinsam vor dem Fernseher sitzen, und die Bilder der verhungerten Kinder in Somalia sahen, das ist eure Schuld, ihr habt schuld daran, jeder einzelne von uns, ich schließe mich nicht aus.

Damit war der Zoff da.

Wieso? fragte er.

Ihr könntet was tun, sagte ich.

Was?

Euch von eurem Luxus verabschieden.

Und dann verhungern die Kinder nicht mehr?

Meine Mutter versuchte auszugleichen, er meint, sagte sie zu meinem Vater, man solle im kleinen anfangen, vernünftig zu leben.

Er kann ja selbst sagen, was er meint, sagte mein Vater.

Hat keinen Zweck, du willst mich ja gar nicht verstehen, sagte ich.

Wenn wir im kleinen anfangen sollten, vernünftig zu leben, dann könntest du ja einmal am Tage mit Piff (unserem Hund) einen Gang machen. Einmal ich, einmal Mutter, einmal du. Und wenn die Proletarier aller Länder sich vereinigt hätten, dann wäre der kommunistische Traum auf dieser Welt vielleicht verwirklicht worden, und es gäbe kein Somalia ...

Du verstehst mich nicht, sagte ich und verließ das Zimmer. Die Türe hatte ich kurz vorm Knallen noch abgefangen, aber meine Zimmertür schloß ich, wollte mit meinem Vater nichts mehr zu tun haben, zu die Tür und Schluß. Doch mein Vater kam mir nach, öffnete sie, ich hasse es, wenn jemand, ohne zu fragen, meine Tür öffnet, und brüllte, theoretisch bist du prima, praktisch eine Null. In der Kneipe verbessert sich die Welt schnell, aber was tun?

Ich hielt mir die Ohren zu, was meinen Vater auf hundert brachte.

Höre mir gefälligst zu, nimm die Hände von den Ohren, eure Gespräche in der Kneipe sind so verlogen, weil ihr glaubt, euer Gewissen rein gequatscht zu haben, brüllte mein Vater. Besonders gemein ist deine dreckige Bemerkung, ich schließe mich nicht aus. Was für'n toller Mensch bist du doch, du schließt dich nicht aus, wie das klingt. Ich werde dir mal was sagen, wenn ich einem Bettler fünf Mark gebe, dann tue ich es nicht meines schlechten Gewissens wegen, dann tue ich es, damit er sich was zu essen kaufen kann oder zu saufen, Hauptsache, er hat etwas für die nächste Stunde. Und wenn ich ein Kind aus Somalia adoptiere, komme ich auch für die Kosten auf, aber würdest du dann dein Zimmer mit dem Kind teilen? Würdest du? Kannst du nicht wenigstens die Hände von den Ohren nehmen, wenn ich mit dir spreche?

Kann ich nicht, sagte ich.

Schuld haben immer die anderen, ich schließe mich nicht aus ... das ist zum Kotzen, rief mein Vater, und er knallte die Türe zu.

Das war's mit der vierteljährlichen Erziehung. Meine Ohren hielt ich mir noch zu, als er die Türe schon zugeknallt hatte, vielleicht kommt er noch mal mit einem Nachsatz, etwas, das ihm noch eingefallen sein könnte, aber er kam nicht, war ihm nichts mehr eingefallen, so viel fällt ihm nämlich nicht ein, mir würde mehr einfallen. Und meine Mutter war mit seinem Gebrülle garantiert nicht einverstanden, Gebrülle haßt sie, und bestimmt hatte er nun Krach mit ihr, aber einen leisen, ohne Gebrülle, diesen vier Wochen mieselaunigen Krach ..., dabei hatte ich nur gesagt, ich schließe mich nicht aus.

Tatsächlich gab ich, als ich das Mövenpick verließ, einem Bettler fünf Mark. Zum Saufen, sagte ich, er bedankte sich und besah sich das Fünfmarkstück von allen Seiten, als hätte ich ihm eine Fälschung gegeben. Ich sah ihn an und dachte, daß es unter seinen alten Klamotten aussehen müsse wie unter einem alten Teppich, Würmer, alle Sorten von kriechendem Gesocks. Hans Hooger, dachte ich, wo mag er sein? Schon im Jenseits oder immer noch hier? Hat's zum goldenen Schuß noch nicht gereicht? Wie oft hatte er die anderen gehaßt? Schuld an seinem Schicksal, an seiner Geburt war sein Vater, nicht mal Geld für'ne Abtreibung wollte der aufbringen, besoffen wie sein Vater immer war. Aber in der Schublade hatte er genug. Mein ganzes beschissenes Leben war ihm nicht die Kosten einer Abtreibung wert, sagte Hans, seinerseits besoffen. Oder high! Gott hab Hans Hooger selig.

1.30 Uhr. Die Zeit trat auf der Stelle. Verweile doch, du bist so schön, verharre doch, bei mir verweilte sie und verharrte sie und war nicht schön. Dann passierte doch etwas Schönes. Ein kleines Mädchen mit schwarzen Haaren, roten Schuhen und weißen Kniestrümpfen! folgte, einen langen Zweig hinter sich herziehend, der Mutter, die zwei Einkaufstaschen trug. Das Mädchen sang laut und sauber: Nach Afrika, nach Afrika, da will ich einmal hin, in Afrika, in Afrika, da liegt mein kleiner Sinn ... Vom Mövenpick Richtung U-Bahn. Ihr Zweig war eine riesige Beförderungsmaschine, in der sie Reisende nach Afrika transportieren wollte oder sollte. Immer wieder blieb sie mit ihrem

Zweig an irgendwelchen Türen stehen, Stationen ausrufend, und wartete, daß Passagiere aus- und einstiegen, die Reisenden nach Afrika bitte sitzen bleiben, und zu den Aussteigenden sagte sie, die hohle Hand vor den Mund haltend, als spräche sie in ein Mikrophon, das Gepäck in der Halle abholen, Weiterreisende brauchen sich nicht um ihr Gepäck zu kümmern, es wird automatisch weitergeleitet. Dann ging's weiter, und wieder sang sie: Nach Afrika, nach Afrika, da will ich einmal hin, in Afrika, in Afrika, da liegt mein kleiner Sinn … Ich ging dem kleinen Mädchen hinterher und hatte vergessen, daß ich Sorgen hatte. Die Mutter war immer einige Schritte voraus. Dann die U-Bahn in Richtung Schlump. Die Mutter sagte, jetzt mußt du aber deine Maschine draußen lassen, die U-Bahn ist voll. Kann ich nicht, antwortete sie, die Menschen wollen nach Afrika, und mit dem Kapitän darf nicht gesprochen werden. Oh, sagte die Mutter freundlich, dann bitte ich um Entschuldigung. Obwohl die U-Bahn nicht nur voll, sondern gerammelt voll war, zwängte sich das Mädchen mit ihrem Zweig hinein und rief, Vorsicht, bitte Platz machen, die Maschine ist genauso voll wie die U-Bahn. Dann sang sie wieder: Nach Afrika, nach Afrika, da will ich einmal hin … Das war schön zu beobachten. In Schlump stieg ich aus, wie von einem Magnet gezogen, war ich ihr gefolgt …

Ich fuhr zurück zum Hauptbahnhof. Beim Einsteigen berührte ich, weil die Bahn so voll war, versehentlich eine dicke, aufgemotzte Dame, die mit viel Goldklunkern behangen war. Sie stand dicht an der Tür und wurde von drei breitschultrigen, schwarz gekleideten Herren begleitet. Bestimmt Bodyguards oder so was. Ich entschuldigte mich und dachte, wieso sind die in der U-Bahn und nicht im Mercedes oder Jaguar oder Rolls-Royce, bestimmt eine Opernsängerin, der der Wagen gestohlen wurde. Und sie beschimpfte mich, als sei ich ihr Laufbursche. Einsperrren sollte man euch, rrempelt und pöbelt, wahrrscheinlich auch so ein Rrechtsrradikaler, haben Sie schon davon gehörrt, jungerr Mann, daß man sich auch entschuldigen kann? Dabei hatte ich mich entschuldigt, bloß die alte Vettel hatte es nicht gehört, weil sie mit ihrer Empörung beschäftigt war. Dann noch mal, diesmal sogar lauter, damit es jeder im Abteil hören konnte, wenn man jemand anrrempelt, sollte man sich wenigstens entschuldigen, jungerr Mann, sagte sie. Die Stimme schien mir ausgebildet, mit Sicherheit eine von der Oper, dachte ich, ein Alt oder Sopran? Bestimmt eine abgetakelte Carmen, also keine Neureiche, keine Geschäftszicke, eine Diva, eine beleidigte blöde Diva, mit rollendem rrr. Darauf sagte ich, ebenso laut wie die Diva, erstens, gnädige Frau, habe ich mich entschuldigt, zweitens gibt es keinen Anlaß für Sie, mich zu beleidigen, ich habe Sie nicht absichtlich berührt, und drittens, wenn man mit so viel Klunkern behangen ist wie Sie, sollte man sich in jedem Fall schämen. Gott sei Dank hielt der Zug, und ich war mit den letzten Worten schon aus dem Abteil, ehe die drei schwarz gekleideten Herren eingreifen konnten. Von der dicken Vettel sah ich, aus dem Augenwinkel, nur einen offenen Mund. Auch aus ihm glitzerte es golden. Pfui Teufel! Ich weiß schon, warum ich das Theater hasse. Diese arroganten Operndiven, dagegen sind Schauspieler Waisenkinder. Dabei waren wir, was die Rechtsradikalen anging, einer Meinung …

Vor dem Schauspielhaus eine Ansammlung junger Leute. Was war da los? Ein Mädchen drückte mir einen Zettel in die Hand, lesen, sagte sie, und machen Sie bei uns mit. Ich las:

Liebe Leute! Es ist mittlerweile Gemeinplatz, daß unsere Zeit zusehends von Konsumorientiertheit und Vergnügungssucht als Ausgleich für das allgemeine Ohnmachtsgefühl angesichts der politischen wie gesellschaftlichen Zustände geprägt wird. Dennoch fällt auf, daß eine beträchtliche Anzahl von Menschen gerade unserer Generation sich ihre eigenen Gedanken machen und diese, in wie auch immer gearteter Form, auszudrücken suchen. Bedauerlicherweise geschieht dies fast immer im Rahmen eines sehr begrenzten, privaten Umfelds, wodurch uns allen eine Fülle von Chancen zur Auseinandersetzung und Zusammenarbeit verlorengehen. Dem möchten wir durch einen Informationsaustausch zwischen uns Abhilfe schaffen. Das soll folgendermaßen aussehen: Jeder Beteiligte soll …

Er soll deren Arbeit machen, er soll Geschichten, Kurzgeschichten, Gedichte, Essays, Artikel schreiben oder Zeichnungen, Fotos und so weiter liefern, damit sie ihren Reader vollkriegen. Wo ist da die Auseinandersetzung? Wenn ich denen mein Erlebnis mit der dicken Diva in der U-Bahn schreibe, dann werden sie anfangen, mit mir zu diskutieren, könnte die Diva nicht von der CDU sein? Bestimmt ein ganz autoritärer Haufen von jungen, angepaßten Leuten, die so tun, als seien sie total unangepaßt.

Das junge Mädchen fragte mich: Na, was ist?

Gar nichts ist, sagte ich. Ich will nicht ...

Wieso willst du nicht?

Ich will eben nicht ...

Aber warum willst du nicht?

Ich muß doch keinen Grund liefern, warum ich nicht will. Schreibst du denn? fragte ich.

Ja.

Dann kannste ja für mich mitschreiben, sagte ich.

Aber hör mal, begann sie, ich wußte, daß sie nun eine ganze Leier Eingelerntes auf mich loslassen wollte, und wollte mich so schnell wie möglich verdrücken. Dann blickte ich noch mal auf das Mädchen, und ich fand sie einigermaßen sympathisch. Blaue Betaugen, mit der würde mir nichts anderes als Beten einfallen, aber für wen sollten wir beten?, strohblondes Haar mit einer Pinksträhne, weißes Kleid mit langen Ärmeln, hohe schwarze Turnschuhe aus Leinen und hübsche lange Beine. Sie hinkte kaum merklich, aber ich sah es.

Über welche Themen schreibst du denn? fragte ich.

Was mir wichtig erscheint.

Und was erscheint dir wichtig?

Zum Beispiel das Verhältnis zu Frankreich. Kohl und Chirac können nicht mehr so toll miteinander, und mit dem Jospin geht's schon gar nicht, und Jospin … du weißt, wer Jospin ist?

Ja, der neue Premier …

Richtig, und Jospin kann mit Kohl nichts anfangen, und der Außenminister Vedrin will das Verhältnis zu den Deutschen entfetten, so sagt er, darüber schreibe ich …

Und was findest du daran so spannend?

Daß das Volk überhaupt nicht so empfindet, das Volk könnte mit den Deutschen weiter gut auskommen, und die Deutschen mit den Franzosen, aber die Politiker wollen nicht, und die kriegen die Völker herum, sich ebenfalls nicht zu mögen, verstehst du?

Ist ja nicht schwer … du bist sehr politisch?

Eigentlich interessiere ich mich nicht für Politik …

Wieso dann so ein Thema?

Wir diskutieren darüber, und jeder übernimmt ein Thema.

Was interessiert dich denn?

Musik.

Warum schreibst du nicht darüber?

Hab ich schon … Willst du auch was schreiben?

Werd's mir überlegen, sagte ich, und das Mädchen lächelte, als hätte sie einen Sieg errungen, einen Sieg, einen Sieg, zwei verwandte Seelen, dachte ich, einen Sieg heute abend wünschte ich mir auch, einen Marie-Louise-Sieg, aber für den Reader schreiben? Im Augenblick schreibe ich nur Briefe an Marie Louise …

Schade um einen Musikexperten, der in die Politik wechseln mußte, dachte ich, wir haben schon zuviel Musikexperten und andere Experten in der Politik, nur keine Politikexperten, warum? Ich fragte, warum schreibst du über etwas, was dich nicht interessiert? Weil ihr diskutiert habt und allen Dingen eine Form geben wollt?

Wieso Form? Wir benennen, was leider allzu häufig verschwiegen wird.

Und? Was erreicht ihr? Daß sich Chirac und Kohl in die Arme fallen? Und auch der Jospin?

Daß sich das Volk darüber klar wird, daß es nur die Politiker sind, die …

Überschätzt du nicht euren Reader? Das Volk klar darüber wird … du kannst auch den Hunger in Somalia mit eurem Reader nicht abschaffen, denke lieber darüber nach, was du willst, mache Musik oder schreibe darüber und versuche nicht, den Dingen ihren Lauf zu nehmen, sie laufen nun mal in andere Richtungen, von alleine, und man muß auch zur Kenntnis nehmen können, daß es unlösbare Probleme auf der Welt gibt, unlösbar für dich und mich …

So kann ich nicht denken. Wenn ich so denken würde …

Wärst du weiter als heute mit deinem dämlichen Reader, entschuldige …

Ist schon gut, wenn ich so wie du denken würde, säße ich heute noch in Lübeck, in einer Zweizimmerwohnung, bei meinem ständig betrunkenen Vater, der Tassen und Teller an die Wand knallt, wenn er seinen Willen nicht bekommt, würde weiter brutal geschlagen werden, aus dem Fenster geschmissen ...

Weiter sprach sie nicht, aber ich konnte mir das weitere denken ... vergewaltigt, aus dem Fenster geschmissen, Bein kaputt, hinken für den Rest des Lebens ...

Tut mir leid, sagte ich und dachte, wieder so ein Tochter-Vater-Verhältnis. Die Welt besteht anscheinend nur noch aus gewalttätigen Vätern und mißhandelten Kindern ... aber ihr glaubte ich ... Nochmals, tut mir leid, sagte ich.

Muß dir nicht leid tun.

Ich dachte nur, Politik sei das Falsche ...

Immer noch besser als gar nichts ...

Sorry, sagte ich.

Schon gut, erwiderte sie.

Ich bummelte weiter, von Schaufenster zu Schaufenster, aber was ich sah, sah ich nicht, in Gedanken war ich noch bei dem Mädchen. Ja, das Mädchen ... Aber ehe ich über sie weiter nachdenken konnte, da stand Peter Henning vor mir, Klassenkamerad aus'm Hegelgym, dem ich mal einen Aufsatz geschrieben hatte. Peter, gut aussehend, eitel, schwarzhaarig, dunkle Augen, immer Anzüge tragend, aber der größte Schnorrer aller Zeiten. Was der sich alles einfallen ließ, um nicht zahlen zu müssen! Dabei hatte er Kohle wie kein anderer, bei ihm mußte es angeborener, vererbter Geiz sein, ich stellte mir schon damals vor, daß bei ihm zu

Hause immer nur über Geld gesprochen wurde, geh da kaufen, da kriegste es zwanzig Pfennig billiger, oder dort, da sparste sogar einundzwanzig Pfennige und so weiter und so fort.

Wie geht's, Alter? sagte er.

Gut, und dir?

Toll. Ich bin mit Katrin zusammen, kennst du doch?

Natürlich …

Katrin spielte mit Vorliebe Dame und Mensch ärgere dich nicht, und immer ärgerte sie sich, wenn sie verlor, und immer hatte sie den Mund offen, wenn sie würfelte. Wenn sie die Steine setzte, schloß sich der Mund, und auf dem Kinn kräuselte es sich. Ich hätte schon deswegen nicht mit ihr zusammensein können, immer der Mund offen, nicht viel, aber mindestens zwei Zentimeter.

Wie geht's ihr?

Na, wie soll's ihr schon gehen mit mir, gut …

Geil …

Hast du Zeit?

Ja, sagte ich.

Komm, setzen wir uns zum Italiener, laß uns quatschen. Hast du schon gegessen?

Nein.

Dann können wir doch was …

Darauf hatte ich gewartet. Ich war wirklich gespannt, was er sich einfallen lassen würde, um nicht zu zahlen. Ich gestehe, plötzlich interessierte mich nichts auf der Welt so sehr wie Peters Gründe, nicht zahlen zu müssen.

Okay, sagte ich. Gerade hatte ich darüber nachgedacht, etwas zu essen …

Bist groß beim Film eingestiegen, höre ich.

Bin zufrieden. Und bei dir?

Übernehme das Geschäft meines Vaters.

Den Fotoladen?

Das ist kein Laden mehr, lachte Peter, das ist ein Unternehmen, hast du eine Kamera? Einer vom Film sollte …

Wenn man immer beruflich mit Kameras zu tun hat, ist man froh, wenn man nicht noch privat muß …

Laß uns hier, sagte Peter, hier am Fenster, da sitzt es sich am besten …

Nichts dagegen.

Wir bestellten Spaghetti Bolognese, war das billigste.

Bier? fragte er.

Mann, nein, habe mir die Birne heute morgen schon mit Whisky vollgeknallt, kein Bier, Cola.

Mann, am Vormittag Whisky?

Heute mal …

Das sagen alle Säufer, heute mal …, also kein Bier, sondern Cola. Schlimmer als Whisky. Kannste gleich Gift nehmen.

Ich weiß, trotzdem …

Ist ja gut, trotzdem … Na, Alter, was machen die Frauen?

Kann nicht klagen …

Du bist ja ein Glückspilz, im Beruf und in der Liebe alles okay, gratuliere.

Jaa, murmelte ich.

Immer noch der Bescheidene, antwortete er.

Mit diesem Zeugs unterhielten wir uns, bis die Getränke und das Essen kamen. Peter sah gut aus, auch heute dunkler Anzug, blaugestreiftes Hemd mit Krawatte, eine dunkle Strähne in der Stirn, nicht schlecht, Herr Specht! Noch besser sah er auf Fotos aus, deswegen war er ganz wild darauf, fotografiert zu werden. Die Kamera liebt mich, sie ist verknallt in mich, ich kann mich mit hundert verschiedenen Kameras vervielfältigen, das ist das Gute an mir und den Kameras, mit unseren Kameras wird jeder schön, sagte er immer und freute sich. Er konnte auch ausgezeichnet Sportreporter nachahmen. Ganze Fußballspiele hatte er kommentiert, das war wirklich gut, aber im Nichtzahlen war er am besten. Da war er ein Genie! Vom Lösegeld für die Mutter bis zum Loch in der Hose mußte alles herhalten, um andere zahlen zu lassen, ein Genie …

Ich muß noch immer an den Aufsatz denken, den du mir mal geschrieben hast, sagte er, über die Möwen im Winter. So war die Überschrift. Ich habe ihn damals gar nicht gelesen, abgegeben und eine Eins bekommen, Mensch, große Klasse, du warst prima in Aufsätzen …

Nicht so gut wie Christoph …

Na ja, der … das Thema war, Beschreibung einer guten Tat, stimmt's?

Stimmt …

Wie bist du auf Möwen gekommen?

Das war dein Einfall. Schreibe, daß ich im Winter immer Möwen mit altem Brot füttere.

Richtig. Da war ich ja richtig gut …

Warum du ihn nicht selbst geschrieben hast …

Meine Großmutter hatte mir erzählt, sie lag mir dauernd damit auf der Pelle, daß es eine Sünde ist, Brot wegzuschmeißen, man schmeißt kein Brot weg, wer den Krieg erlebt hat, schmeißt kein Brot weg. Hattest du was mit Sünde geschrieben?

Glaube ja …

Es waren sechs Seiten …

Warum hast du nicht selbst geschrieben? wiederholte ich meine Frage.

Mann, die Kommas und die Großschreiberei, damit habe ich mir immer alles versaut. Heute schreibe ich nur noch Rechnungen mit dem Computer, schreibe alles groß, Aufsätze könnte ich auch heute noch nicht.

Klar könntest du, jeder, der sprechen kann, kann, hättest ja kurze Sätze schreiben können, ohne Kommas …

Scheiße, jetzt habe ich mir aufs Hemd gekleckert. Ich weiß ja nicht, wie die Italiener das machen, bei mir spritzt das Tomatenzeug, oderr … nun wickle ich die Spaghetti schon um die Gabel, im Löffel, aber immer noch … ich kann doch nicht mit freiem Oberkörper essen, oderr?

Oderr sagte er so, wie man in der Schweiz oderr sagt, und wischte sich die Tomatenspritzer mit der Serviette vom Anzug und dem blaugestreiften Hemd. Sogar der Schlips hatte was abbekommen.

Mann, sagte er, der Anzug muß in die Reinigung, und dir geht's im Beruf und in der Liebe ausgezeichnet, da kannste für mich mitzahlen, ich habe nämlich kein Geld bei mir.

Ich habe nämlich kein Geld bei mir..., das haute mich um. Ich hatte erwartet, daß er sich eine ganze Arie ausdenken würde, und er? Ich habe nämlich kein Geld bei mir... Wirklich, das haute mich um.

Er bestellte sich noch drei Nachtische, und dann mußte er los, schnell, mit Katrin nach Timmendorf, er hatte sich extra den Nachmittag freigenommen, Golf, seine Leidenschaft. Katrins auch? Noch nicht, aber sie macht mit, wenn sie besser kann, dann...

Peter hatte mich umgestimmt, ich war wieder heiter, keine Probleme mit ihm, keine Vater-Sohn-Probleme, keine Probleme mit Katrin, beinahe wünschte ich mir, wie er zu sein, so unbekümmert, so zahlungsunfähig und so gefräßig. Sogar die Quittung nahm er mit, faltete sie ordentlich zusammen und steckte sie ins Portemonnaie, da war doch noch was zu machen. Meine erzwungene Einladung konnte er doch von seiner Steuer absetzen, aus Peter wird etwas, kein Zweifel, auch beim Golf wird er nichts zahlen, bestimmt nicht, dachte ich.

Ich hatte Lust, Marie Louise zu schreiben. Peter hatte auf mich gewirkt wie Musik in Dur. Ich schrieb auf einen Bierdeckel, den ich aus der Tasche holte, merkwürdigerweise gab's hier keine.

Liebste!

Immer wenn ich glaube, ich habe Dich, bist Du um eine Ecke verschwunden. Sehe noch zwei weiße Kniestrümpfe, einen weißen, einen Schuh, Absatz, weg. Ich hatte schon einen Alptraum, bestimmt habe ich meine neugierige Wirtin mit meinem Alptraumgebrülle in der Elisenstraße geweckt, daß ich Dich nie mehr sehen werde, daß Du für mich unerreichbar bist. Ich schreie, so laut ich kann, schreie mir die Seele aus dem Halse, aber Du hörst mich nicht. Du biegst um eine Ecke und bleibst verschwunden, unauffindbar. Aber ich schwöre Dir, je unauffindbarer Du für mich bist, desto mehr liebe ich Dich. Gerade dann versuche ich, mir Dich vorzustellen, hole Dich in meinen Gedanken zurück, tauchst Du rückwärts hinter einer Ecke wieder auf: Absatz, Schuh, ein weißer Kniestrumpf, zwei weiße Kniestrümpfe, Du, ganz und gar, und drehst Dich um, und ich habe Dich in meinen Armen. In meinen Gedanken bin ich stark, in meinen Armen halte ich Dich fest, niemand kann Dich fortziehen, Du bleibst bei mir …

Heute habe ich ein kleines Mädchen nach Schlump begleitet, mit schwarzen Locken, roten Schuhen und was für Strümpfen? Du wirst es nicht glauben, weißen Kniestrümpfen. Die Mädchen mit den weißen Kniestrümpfen, und Du hast mit der Mode angefangen. Sie transportierte in einem Zweig Leute nach Afrika. Ich wünschte, wir beide wären im Zweig gewesen. Afrika? Wäre Afrika etwas für Dich? Durch das Mädchen hatte ich einen guten Vormittag.

Vor kurzem sah ich Zettel an Bäume gepinnt, in Babelsberg, wo wir drehten. Die Hälfte eines Schreibmaschinenbogens unter Plastikfolie, quer durch Babelsberg. Mädchen-

handschrift, rot geschrieben: Wellensittich entflogen. Dann grün: Wer hat Steve gesehen? Er ist blau und hat links ein krummes Bein. Bitte melden unter … Telefonnummer. Und weiter in Rot: Belohnung, eine hohe Belohnung wird garantiert. Kannst Du Dir vorstellen, was Steve für das Mädchen bedeutete? Ich blickte in die Luft, ob ich Steve erspähen könnte. Steve, rief ich, komm aus der Luft, dein linkes Bein ist krumm, ich weiß es, brauchst dich nicht zu schämen, komm … und dann rief ich, Marie Louise, komm um die Ecke, mit Deinen weißen Kniestrümpfen, komm …

ich liebe Dich ein bißchen verzweifelt …

Mario.

Marie Louise wohnte in der Curschmannstraße, ich im Abendrothsweg. Beide in den Eckhäusern. Aus meinem Zimmer blicke ich auf kleine Gärtchen, auch auf das Gärtchen, das zu Normanns Parterrewohnung gehörte. Herrn Normann, Marie Louises Vater, habe ich kaum gesehen, dafür häufig die Mutter, die immer etwas unfreundlich und sorgenvoll dreinblickte, und das war der Grund, warum sich meine Mutter für sie interessierte. Wir hatten einen Hund, Normanns eine Katze. Unser Hund, eine Mischung aus Schäferhund und Labrador, neunzig Prozent Labrador, kriegte sein Futter vor der Küche, die, wie mein Zimmer, nach hinten hinausging. Wir hatten zwar kein Gärtchen, aber eine lange schmale Terrasse, nur etwa einen Meter breit. Ein grüner Zaun trennte Katze und Hund. Einmal ließ meine Mutter, als sie einkaufen ging, und meistens nahm sie Piff, unseren Hund, zum Einkaufen mit, die Küchentür offen, weil unsere Wohnung leicht muffig riecht, wenn man die Fenster lange geschlossen hält, und Normanns Katze war in unsere Küche gelaufen, hatte sich über Piffs Futter hergemacht, die Wohnung inspiziert und auf den Wohnzimmerteppich gekackt. Als meine Mutter zurückkam, schoß Piff durch die Wohnung, er hatte die Katze gerochen, die noch durch unsere Wohnung zog, und nun ging die Jagd ab. So habe ich noch nie eine Katze flitzen sehen, über die Kommode, eine Vase stürzte herunter, mit einem Hechter über den Schreibtisch, die Papiere flatterten, Piff stieß sich die Schnauze am Eßtisch, Tassen polterten zu Boden und zerbrachen, die Katze die Wand hoch, Bilder knallten herunter, eine Katastrophe allergrößten Ausmaßes, im letzten Moment fand sie den Weg zurück zur Küche, Piff hatte Schwierigkeiten, ihr geistig zu folgen, er war noch mit ihr im Wohnzimmer beschäftigt, während sie schon mit einem gewaltigen Sprung über den Zaun flog. Meine Mutter sah dem Unglück zunächst mit Staunen zu, das ist doch nicht möglich, es ist doch nicht ..., sie ließ die Einkaufsnetze aus der Hand fallen, drehte sich links, drehte sich rechts, als wäre eine Horde von Katzen eingebrochen, dann stellte sie fest, daß es sich nur um eine handelte, die von Normanns nämlich, wirst du wohl ..., wirst du wohl ..., rief sie und blickte auf die Katze, und wirst du wohl ..., wirst du wohl ..., rief sie und blickte auf Piff, doch weder er noch die Katze hörten darauf. Piff und meine Mutter sahen sie schließlich nur noch von hinten, hinein zu Normanns, hinein in die Sicherheit. Frau Normann hatte mitbekommen, was passiert war, war vor ihre Küchentür gelaufen und rief, machen Sie doch die Küchentür zu, wenn Sie das Haus verlassen, und meine Mutter, typisch meine Mutter, entschuldigte sich.

Seitdem herrschte Spannung zwischen Frau Normann und meiner Mutter. Seit diesem Tag blickte auch Marie Louise unfreundlich, wie ihre Mutter, und wir blickten freundlich. Ich versuchte hin und wieder, wenn meine Mutter nicht zu Hause war, Normanns Katze in unsere Wohnung zu locken, gern hätte ich eine Wiederholung der Schlacht erlebt, schon um mit Marie Louise ins Gespräch zu kommen, aber vergeblich, die Katze hatte offensichtlich von dem einen Mal genug.

Ich habe einen Schreibtisch aus Fichtenholz. An diesem Tisch saß ich häufig, und anstatt Schularbeiten zu machen, beobachtete ich Marie Louise. Und wenn man lange Zeit ein hübsches Mädchen beobachtet, fällt einem vieles ein, auch schon mit neun Jahren. Jeden Tag lachte ich sie an, und sie blickte unfreundlich zurück. Ich entschloß mich, ihr Briefe zu schreiben. Ich schrieb ihr alles, was mir gerade durch den Kopf ging, und wenn sie nicht zu Hause war, steckte ich meine Briefe, die keinen Absender trugen, in ihren Briefkasten. Einmal, als sie wieder im Gärtchen war, ging ich auf unsere Terrasse und rauchte eine Zigarette, Christoph hatte mir gesagt, damit sehe man männlich aus. Ich paffte also und hustete nicht einmal. Ich lachte, und Sie werden's nicht glauben, sie lachte zurück. Bestimmt wegen der Zigarette, dachte ich. Und dann sagte ich lässig und nebenbei, von mir aus kann eure Katze unser Wohnzimmer vollkacken ... Ich sagte kacken und war überrascht, daß ich das sagte.

Marie Louise nickte und sagte, unsere Katze ist verrückt, bei uns ist sie pieksauber, aber immer in anderen Wohnungen.

Unser Hund auch, sagte ich, immer auf andere Teppiche.

Ja, verrückt, erwiderte Marie Louise, immer auf Teppiche.

Weißt du, warum es immer Teppiche sein müssen? fragte ich und ließ den Zigarettenqualm aus der Nase kommen ...

Du rauchst wie ein Großer, sagte sie und sah dem Qualm aus meinen Nasenlöchern zu.

Ja, sagte ich, von klein auf ... Willst du eine haben?

Nein, ich rauche nicht, sagte sie ... oder doch, laß mich mal ziehen ...

Hier, sagte ich und schob ihr meine Zigarette zwischen die Lippen. Ich werde es nicht vergessen, wie ich ihr die Zigarette zwischen die Lippen schob.

In der Nacht träumte ich von ihr, ich sah sie nackt in eine Badewanne steigen. Und dann saß sie mit weißen Kniestrümpfen auf einem Sessel und streckte ihre langen Beine weit von sich. Dabei blickte sie mich an, und mir ging es durch und durch. Dann stellte sie ein Bein auf den Sessel, das andere ließ sie gestreckt, mit dem weißen Kniestrumpf verdeckte sie, da sie unbekleidet war, ihre Scham. Mit ihrem Blick aber

forderte sie mich auf, ihr in die Augen zu sehen. Als ich erwachte, entdeckte ich etwas Schlimmes. Was war das? Ein nasser Schmierfleck auf meinem Bauch. Ich berichtete Christoph von meiner Krankheit und von Marie Louise, und er blickte in die Ferne und sagte, das ist so. Wie flüssiges Wachs, sagte er, in der Medizin nennt man das Schmadding.

Christoph wußte eben alles.

Hat Marie Louise es jemals herausbekommen, daß ich es war, der ihr die Briefe schrieb? Jedenfalls habe ich immer aufgepaßt, nie am Briefkasten erwischt zu werden … Später zogen Normanns in die Wrangelstraße, wir gingen ins Hegelgymnasium, und sie? Ich glaube, ins Corvey. Mein Blick aus dem Zimmer war trostlos geworden, bis zum heutigen Tag. Hin und wieder traf ich sie, aber immer nur kurz, meistens sah ich sie von hinten, irgendwo eilig verschwinden, in einer Haustür, einem Laden, um eine Ecke. Ich schrieb ihr immer noch, aber die Briefe behielt ich, geschrieben mit Bleistift, Kuli, Füllhalter, Schreibmaschine (Computer). Mit Schreibmaschine war für die Ewigkeit, mit Bleistift für die Vergänglichkeit …

Eines Tages kam Christoph zu mir, es nieselte, so typisch hamburgisch, und er sagte, komm zum Isemarkt, in einem schwarzen Mercedes sitzt eine dicke, häßliche, alte Frau, die sagt uns unsere Zukunft voraus.

Ich will die gar nicht wissen, sagte ich. Warum?

Wenn du die weißt, dann richtest du dich danach …

Warum soll ich mich danach richten?

Mann, Alter, wenn sie dir zum Beispiel sagt, am

Dienstag wirst du im Straßenverkehr verunglücken, dann gehst du nicht auf die Straße, ist doch klar.

Auch nicht zur Schule?

Auch nicht … Vielleicht erzählt sie dir auch, daß Marie Louise deine Frau wird …

Das überzeugte mich, meine Frau, jaa, wir gingen also zum Isemarkt, und ich versuchte, mir die alte, häßliche, dicke Frau vorzustellen und was sie mit einem machte, um die Zukunft herauszukriegen …

Was müssen wir dabei machen? fragte ich.

Gar nichts, sie liest aus der Hand.

Und das kostet?

Ich habe, Christoph zählte die Zigaretten in seiner Schachtel, sechs, sieben Zigaretten, vielleicht macht sie's dafür.

Und wenn nicht?

Das haut schon hin …

Und wenn's zehn Mark kostet?

Christoph schwieg, er war, wie so oft, mit seinen Gedanken bereits wieder woanders.

Und wenn's zehn Mark kostet? wiederholte ich meine Frage.

Schweigen.

Kannst du nicht reden?

Schweigen.

Ich habe gefragt, ob du nicht reden kannst?

Schweigen.

Ist dir die Luft ausgegangen?

Nein, aber ich habe keine Lust zu reden, antwortete er.

Wo war er mit seinen Gedanken? fragte ich mich. Und ich sagte, du brauchst mir nicht zu antworten, wenn du nicht willst, aber ich finde so eine Wahrsagerin beschissen. Wie soll sie wissen, was sie nicht wissen kann? Ich meine, in die Zukunft blicken und sehen, was passieren wird, ist unheimlich. Und wenn eintritt, was sie sagt? Dann wird man doch meschugge.

Das Ganze ist harmlos, sagte nun endlich Christoph, ich will nur wissen, wie sie das anstellt, verstehst du? Ich stelle sie mir schwarz vor, mit schwarzen Fingernägeln, schwarzen Lippen, schwarzen Haaren, zahnlos, mit sooo einem Arsch und solchen Titten. Christoph zeigte die Größe mit beiden Armen an. Dann schwieg er wieder.

Er war als erster dran. Ein vorsintflutlicher schwarzer Mercedes, schwarze Vorhänge, schwarze Stoßstangen. Und drinnen? Die schwarze Vettel, dachte ich. Als Christoph nach zehn Minuten erschien, war sein Gesicht rot, Ohren rot, Haare rot, alles an ihm war rot, da hat die alte, häßliche Vettel, an der alles schwarz war, ihn rot gemacht, diese niederträchtige Sau, dachte ich, und Christoph warf einen kurzen Blick zum Himmel.

Was ist? fragte ich.

Sie macht's, antwortete er.

Was heißt das?

Für sieben Zigaretten, antwortete er und gab sich große Mühe, seine Aufregung zu verbergen.

Bist du aufgeregt? fragte ich.

Wieso? Sie wartet auf dich ...

Das Herz schlug mir bis zum Halse, als ich ins Auto stieg. Kaum saß ich, nahm sie meine Hand. Es roch nach irgendwelchen Kräutern, und sie knipste ein Seitenlicht an, das ihre linke Gesichtshälfte beleuchtete. Sie war anders, dachte ich, nicht alt, häßlich, dick, nein, sie war jung, hübsch, dünn. Und nicht zahnlos, nicht mit solchen Titten, solchem Arsch, wie Christoph mir mit seinen Armen gezeigt hatte, sooo und sooo, nichts davon, höchstens die Lippen waren zu rot geschminkt, dunkelrotes Rot, die Augen waren wirklich schwarz, aber es war ein schönes Schwarz, kein beängstigendes Schwarz, als sie mich anblickte, kribbelte es im Bauch. Als erstes sagte sie etwas, das ich nicht verstand, arabisch oder so was, irgendeine Sprache mit lauter Kehllauten, dann machte sie irgendwelche Zeichen in die Luft, bewegte den Kopf ein paarmal im Kreise, ließ meine Hand los, nahm eine von den sieben Zigaretten, die neben der Gangschaltung lagen, schob mir eine in den Mund und gab mir Feuer. Mit einem goldenen Feuerzeug.

Hast du schon oft geraucht? fragte sie.

Ja, sagte ich, aber nur Lunge.

Das zeige mir, antwortete sie.

Ich inhalierte so tief ich konnte, und dann mußte ich wie verrückt husten, ich konnte gar nicht aufhören, sie klopfte mir auf den Rücken, und mir war das verdammt peinlich.

Gib mir deine Hand, sagte sie und streckte ihre vor.

Ich gab ihr die mit der Zigarette.

Die andere, sagte sie. Soo, und das soo zog sie mächtig in die Länge. Die Stimme war gar nicht tief oder heiser, eher hoch.

Daß du rauchst, sehe ich, trinkst du auch?

Ovomaltine.

Ich meine Alkohol.

Nein.

Wirklich?

Hmm.

Na?

Kirschlikör.

Wie oft?

Einmal.

Einmal?

Vielleicht zweimal.

Berichte.

Einmal haben wir eine Flasche ausgetrunken, Christoph und ich, und wir waren besoffen und haben in die Elbe gekotzt.

Jetzt erst blickte sie auf meine Hand. Sie preßte ihre Finger gegen meinen Handrücken und spreizte meine Finger. Hmm, sagte sie mehrmals, und ihr Blick folgte den Linien, dabei murmelte sie ziemlich leise, man mußte verdammt zuhören, um sie zu verstehen, ich sehe einen Unfall …

Autounfall? fragte ich nervös. Wann?

Wenn ihr so um die fünfzig seid …

Hmm …

Hütet euch vor Alkohol, Alkohol wird der Grund für den Unfall sein.

Hmm …

Ihr werdet eine gemeinsame Freundin haben, dein Freund wird sie heiraten, aber ihr werdet Freunde bleiben …

Wie heißt die Freundin?

Das steht nicht in den Linien.

Wann wird er sie heiraten?

Steht auch nicht drin …

Nicht?

Nein.

So was nicht?

So was nicht …

Hatte Christoph bessere Linien, ich meine, stand bei ihm Genaueres drin?

Sie schwieg und zündete sich eine Zigarette an. Ich hatte vor Aufregung das Rauchen vergessen, ich zog hastig zwei Züge ohne Lunge und fragte: Hat das Mädchen weiße Kniestrümpfe an?

Wieder antwortete sie nicht, wahrscheinlich hatte sie für sieben Zigaretten bereits mehr als genug mitgeteilt. Sie öffnete die Tür, und ich wußte, daß ich auszusteigen hatte …

Also meine Handlinien sind nicht viel wert, dachte ich, Genaues steht nicht drin, meine jedenfalls taugen nichts, sind nichts wert, und Wahrsagerinnen? Na ja, hübsch sind sie ja, aber was einen interessiert, wissen sie auch nicht. Christoph lief schweigend neben mir her, ich beobachtete ihn, er war tief in Gedanken versunken, dann sagte er, um die Fünfzig sollen wir aufpassen, keinen Alkohol trinken, weil wir sonst Gefahr liefen, besoffen zu verunglücken.

Im Innocentiapark setzten wir uns auf eine Bank und sahen den Hunden zu.

Hat sie mir auch gesagt, sagte ich. Gefahr liefen? Hat sie so gesprochen? Gefahr liefen? Das ist mehr deine Ausdrucksweise, hat sie?

Ja.

Für sieben Zigaretten hätte sie uns Besseres prophezeien müssen. Im übrigen war sie nicht alt, häßlich und dick, sie war jung, hübsch und schlank.

Was war sie?

Jung, hübsch und schlank …

Hast du keine Augen im Kopf? Eine alte Vettel …

Was?

Eine alte Vettel mit einer Warze über der Lippe …

Was?

Eine Verstellerin, eine Verwandlerin, ein altes, dickes Weib, das sich in ein dünnes verwandelt hat, sagte Christoph und schwieg. Seine Haare waren rot und sein Gesicht ganz weiß. Es tut mir sehr leid, sagte er, und nach einer Weile noch einmal, es tut mir sehr leid, Mario …

Was hatte er? Was bewegte ihn? Ein Geheimnis in der Tiefe seiner Seele, war es das? Daß er mir eines Tages meine Frau ausspannen würde? Meine Frau, die noch gar nicht meine Frau war? Hatte ich das erstemal sein gespaltenes Ich zu Gesicht bekommen? Ich erinnere mich, daß er mir einmal gesagt hat, wir hatten gerade Goethes *Die Leiden des jungen Werthers* durchgenommen, ich bin gar nicht ich, ich bin ein anderer. Mich gibt es gar nicht, ich bin nur eine Vorstellung von anderen. Eine Vorstellung von anderen? War die Wahrsagerin auch nur eine Vorstellung von anderen? Oder nur eine Vorstellung von Christoph? Hatte er sie erfunden, angeheuert, eine Studentin, eine Geigerin, eine sonstwer, eine junge, hübsche, schlanke Lady, die mir sagen sollte, was er mir nicht sagen wollte? War er auch in Marie Louise verliebt? O Christoph, du bist nicht du, du bist in der Tat ein anderer, wann bist du du? Erst wenn wir krepieren? Wenn wir bei dem Unfall umkommen, wenn wir so um die fünfzig sind, wie uns die Wahrsagerin prophezeite?

Zwei Herren um die Sechzig, leicht angetrunken, hatten sich an den Nebentisch gesetzt. Sie kicherten wie Backfische. Seriös sahen sie nicht aus. Ich zog einen Bierdeckel aus meiner Tasche, bestellte einen Espresso und blickte auf die beiden, die inzwischen gegessen hatten und nun Bier und Cognac tranken und immer lauter wurden.

Liebste Marie,

Christoph wird mir immer ein Geheimnis bleiben, und vielleicht bin ich mir sogar mein eigenes Geheimnis. Mein Großvater war dem Holocaust entkommen, frühzeitig ging er nach London, 1947 kam er zurück nach Ostberlin, war Lehrer für Englisch und Deutsch, Jude. Mein Vater wurde 1947 geboren, meine Mutter 1948, auch Jüdin. Habe ich Dir nie erzählt, daß ich mir immer eine blonde, wunderschöne Frau wünschte, so wie sich mein Großvater immer eine blonde, wunderschöne Frau gewünscht hatte und noch mal eine blon-

de Frau in Ostberlin geheiratet hat, als meine Großmutter gestorben war? Man sagt, erfolgreiche Söhne sehen aus wie die Mütter, erfolgreiche Töchter wie die Väter. Und ich? Wie sehe ich aus? Wie mein Vater, schwarze Augen, schwarze Haare, dünn, groß, manchmal Brille, schwarze Seele. Der erfolglose, mißratene Sohn. Und hat mein Vater mich nur nicht erzogen, weil er nie erfahren hat, wie man erzogen wird? Mein Großvater war der gütigste Mensch auf der Welt, er konnte gar nicht erziehen, er erlaubte meinem Vater alles. Mein Vater ist nicht der gütigste Mensch, aber weil er nie Erziehung erfahren hat, erlaubt auch er mir alles. Man erzieht immer nur, wie man selbst erzogen wurde. Und weil er eben nicht der gütigste Mensch auf der Welt ist, kriegt er seine gelegentlichen Erziehungsanfälle. Na und? Das Resultat: Ich bin gewissermaßen unerzogen, habe kein Benehmen, bin unverschämt und verhalte mich, wie es mir gerade in den Sinn kommt. Und wenn ich mich total danebenbenommen habe, denke ich mir, das war nicht ich, das war ein anderer. Und Du mein Marie Louischen? Wer bist Du? Bitte sei nicht jemand anderes, sei Du wenigstens Du, denn ich liebe nur Dich und nochmals nur Dich, wehe, Dir geht es wie mir, und Du entschließt Dich, auf einmal jemand anderes sein zu wollen. Oderr? Sind wir alle nur andere? Ist es etwa, wie Lawrence sagt: Ein Hund bleibt immer ein Hund, ein Pferd ein Pferd, eine Blume eine Blume, aber ein Mensch, bleibt er ein Mensch? Er ist ja noch gar keiner …

Doch ich weiß, wer Du bist. Du bist für mich ein helles, leuchtendes Rot. Marie Louise, ein helles, leuchtendes Rot. Bei den Drehaufnahmen habe ich Hekuba kennengelernt. Sie ist Lehrerin an einer Behindertenschule und gibt Ant-

worten so gerade, daß einem kotzübel wird, wie ein Stich ins Herz oder ins Gehirn. Sie selbst hat sich Hekuba genannt, obwohl sie Helga heißt. Hekuba ist schwarz, sagt sie, Helga hat keine Farbe, und ich mag keinen Namen ohne Farbe haben. Du weißt, daß Hekuba in einen Hund verwandelt wurde, als sie den Mörder ihres Sohnes, den König Polymestor, blendete. Das ist nicht wichtig, wichtig ist nur, daß alle Vokale, alle Namen für Hekuba und mich Farben haben. Darüber war ich mir mit ihr einig, unsere Farbvorstellungen waren identisch. Auch sie meinte, Marie Louise sei für sie ein helles Rot. Christoph weiß und grün, der Name ist gespalten. Chris ist weiß, stoph grün. Haben für Dich Namen auch Farben? Habe ich mich am Ende nur in Dich verliebt, weil Dein Name ein helles, leuchtendes Rot ist? Nein, nein, nein. Über alle Farbe, über allen Sex liebe ich Deine Gedanken, mein große kleine Marie, Deine Seele, Deine Güte, Deine Schönheit, Reinheit, Deine weißen Kniestrümpfe, Deine wohlerzogene Art gegen meine unerzogene! O Marie, was weiß ich schon von Dir. Die eine Nacht! Ja. Aber die war es, danach wußte ich alles über Dich! Alles! Glaube mir! Ich wünschte Dir und mir, ich sähe gut aus, so gut wie Christoph. Aber so muß ich weiter an Dich schreiben, ohne zu wissen, ob meine Briefe Dich je erreichen.

Mario (gelb, wie ein Kanarienvogel).

Wahrscheinlich hätte ich nichts Dümmeres machen können, als mich mit den beiden Sechzigjährigen zu beschäftigen. Ich versuchte zu erraten, welche Berufe sie hatten, ob sie mit Finanzen oder Kunst zu tun haben könnten, ob sie Bäcker oder Fleischer wären, oder auf dem Bahnhof arbeiteten. Transportarbeiter. Das ist es ja, man kann heute gar nichts mehr erraten, die Berufsuniformen haben sich verändert, man sieht gelegentlich Banker, die sehen wie Künstler aus, Minister wie Fleischer, Künstler wie Banker, Transportarbeiter wie Rechtsanwälte, Rechtsanwälte wie Taxifahrer, Taxifahrer wie Minister! Je mehr ich die beiden betrachtete, desto mehr dachte ich an alte Nazis, so um 1928 geboren, bei Hitler DJ oder HJ, Parteilaufbahn und so weiter. Und dann hätten sie mich aufgehängt, vergast, auf ihre bestialische Weise ins Jenseits befördert. Aber ich muß zugeben, daß ich nicht gut in solchen Dingen bin. Vielleicht zwei einsame Kerle, die sich nur deswegen betrinken, weil sie von ihren Ehefrauen mißhandelt wurden. Zwei arme Kreaturen. Jedenfalls soffen sie wie die Strandhaubitzen. Der eine hielt die Cognacflasche in der Linken, und mit der Rechten versuchte er eine Streichholzschachtel zu öffnen. Er schob mit dem dicken Daumen die Hölzer aus der Hülle, und die verstreuten sich über den Tisch und den Fußboden. Dann zündete er ein Streichholz an der Kerze an, die auf dem Tisch flackerte, und hielt es vor die brennende Zigarette in seinem Munde. Na ja, es gibt Schlimmeres. Um die verstreuten Streichhölzer kümmerte er sich nicht. Ich mußte lachen, komisch, keine Bedienung weit und breit, mußte ein toller Italiener sein, der um diese Zeit nur drei Leutchen zu bewirten hatte und bei dem man sich, mit mitgebrachter Flasche, vollaufen lassen konnte. Unglücklicherweise hatte ich nicht mitgekriegt, daß der andere mich beobachtete. Und das hätte ich dann doch nicht für möglich gehalten, jedenfalls stand der auf, dabei fiel der Stuhl um, blickte mich aus zusammengekniffenen Augen an, kam auf mich zu, legte seine Hand auf meine Schulter, wohl doch Transportarbeiter, dachte ich, eine Hand mit Schwielen und Rissen, und sagte: Warum lachst du?

Hab ich?

Ja, hast du. Und warum starrst du uns an?

Ich habe Sie nicht angestarrt.

Doch, hast du, bist wohl ein Grüner oder Roter, was?

Weder noch.

Das ist keine Antwort.

Doch.

Ich habe Ihnen ja schon gestanden, daß ich von Natur aus feige bin, daß ich mich nicht benehmen kann, aber gegen die alten Männer … Hören Sie zu, hörte ich mich sagen, lassen Sie mich in Ruhe, und was ich bin, geht Sie nichts an.

Ob du ein Grüner oder Roter bist, geht uns nichts an?

Geht Sie nichts an …

Geht uns nichts an?

Ja.

Willst du Ärger?

Ich will, daß Sie mich in Ruhe lassen und Ihre Hand von meiner Schulter nehmen.

He, rief der Mann zu dem am Tisch, der junge

Mann will Ärger. Wollen wir ihm in die Fresse haun?

Nun stand auch der andere auf, ich blickte mich um, nach dem Kellner, dem Barkeeper, nach dem Koch, nach irgend jemand, den es doch in diesem verlausten Lokal geben mußte, einer, der wenigstens zum Kassieren gelegentlich kam ... Und der Dazukommende? Die Zigarette im Mund, auf meinen Tisch zutorkelnd, das Hemd offen, man konnte seinen nackten Bauch sehen, Haare vom Bauchnabel abwärts wie eine Ameisenspur, lallte er: Was will er? Will er den Arsch vollkriegen?

Sind denn alle in dieser Stadt verrückt geworden? dachte ich. Was ist heute los? Steht mir mein beruflicher Mißerfolg so ins Gesicht geschrieben, daß jeder glaubt, mit dem können wir's machen?

Der mit dem offenen Hemd lachte, und ich hörte mich sagen, wenn Sie mich anrühren, werden Sie Ihr blaues Wunder erleben ...

Dann sag uns, ob du rot oder grün bist ...

Scheren Sie sich zum Teufel, hörte ich mich sagen, Ober, zahlen, hörte ich mich in die Küche schreien, ich will zahlen!

Ich steckte meine beschriebenen Bierdeckel in die Tasche und stand auf. Weg konnte ich nicht, hinter mir der Tisch, vor mir die beiden verrücktgewordenen Sechzigjährigen, die näher kamen, ich beugte mich, so weit es ging, zurück, um nicht die Cognacfahnen einatmen zu müssen. Und dann passierte es, der neben mir schlug mir ins Gesicht, und ich trat ihm in die Eier. Der Tisch hinter mir fiel um, und mit einem Satz war ich an der Tür. Kaum war ich draußen, tat ich so, als wäre nichts geschehen. Die Alten waren wohl so verdutzt über meinen Gegenangriff, daß sie nur dämlich aus der Wäsche guckten, nahm ich an, vielleicht war auch endlich ein Ober oder Koch oder sonstwer erschienen, jedenfalls irgendwas mußte geschehen sein, denn sie folgten mir nicht. Mir fiel ein, daß ich den Espresso nicht bezahlt hatte, und freute mich wenigstens darüber. Vor dem Hauptbahnhof drehte ich mich um und stellte mir vor, ich hätte beide k.o. geschlagen. Der eine kippte in die Bar, in die Flaschen und Gläser, der andere flog durchs Schaufenster auf die Straße. Ich stand am Tisch und setzte meinen Hut auf. Dann ging ich aus der Tür, aus der ich eben geflohen war, stieg über den Besoffenen mit dem behaarten Bauch und schob den Hut in die Stirn, weil die Sonne blendete. Immer diese Filme. Sie haben einen geistig total ruiniert. Und meine Wange brannte wie Feuer …

Irgendwie fühlte ich mich als Held. Ich stieg in die U-Bahn und hatte nicht aufgepaßt, wohin es ging, war ja auch egal, hatte ja noch viel Zeit. Ich versuchte, meine Wange im Fenster zu begutachten, war sie geschwollen, war sie rot? Die Spiegelung war nicht zuverlässig, zu viele Lichter zerstörten das Bild, sah mich immer nur für Bruchteile von Sekunden im Fenster der fahrenden U-Bahn. Richtig getroffen hatte der Alte mich nicht, Gott sei Dank, ein blaues Auge wäre mir sehr viel unangenehmer gewesen, da bin ich also noch mal mit einem blauen davongekommen, und die Wange schien auch ihre Form zu behalten. Ein Fensterplatz wurde frei, und ich setzte mich. Ich fühlte meine Beine schon gar nicht mehr. Aber der Mann, der aussteigen wollte, machte mich nicht fröhlicher. Ich sah seinen Gesichtsausdruck und wußte Bescheid. Ein Erfolgreicher stieg aus, und ein Erfolgloser setzte sich. Alles an dem Mann schien auszudrücken, ich hab's zu was gebracht, und ihr, die ihr in einem Abteil mit mir sitzen durftet, was seid ihr im Vergleich zu mir? Arme Schlucker seid ihr. Armes, verlaustes Pack. Das alles konnte ich seinem Gehabe entnehmen, zum Beispiel wie er wartete, bis eine junge Frau ihm den Weg zum Ausgang freimachte, er hätte sich ja an ihr vorbeidrücken, sich etwas schmaler machen können, wie ich es gemacht hätte, aber nein, er wartete, bis sie alle ihre Sachen in die Ecke gequetscht und sich dann selbst dem Typ aus dem Wege geräumt hatte, gehst du nicht von selbst, dann lasse ich dich aus dem Wege räumen, schien er auszudrücken, erst als sie wie ein Kaugummi an der Abteilwand klebte, zog er von dannen, steif und aufrecht wie ein Stock, ein Ekelpaket erster Klasse, ein Holgerverschnitt, auch so ein Rausschmeißer, Kündiger vor dem Herrn. Früher waren mir solche Typen gar nicht so unangenehm aufgefallen. Wenn man aber aus seinem ersten Job gefeuert wurde, sieht man diese Leute mit anderen Augen, dann empfindet man großen Haß gegen sie. Da kann man machen, was man will.

Als er draußen war, richteten sich meine Gedanken

wieder auf Christoph und Marie Louise. Wie wird es sein, wenn ich Christoph heute abend treffe, was wird er mich fragen? Vielleicht sollte ich beginnen, sollte ihn gar nicht zu Wort kommen lassen, sollte ihn ganz lässig fragen, ob er mit mir in den Puff gehen wolle. Sagt er ja, hat er kein Verhältnis mit ihr, sagt er nein, dann hat er. Ja. Das ist die Prüfung, o ja, der Einfall ist gut. Aber wenn er nur ja sagt, weil er ahnt, ich will ihn prüfen? Und was ist dann mit meiner Liebe? Wie könnte ich Marie Louise lieben und in den Puff wollen, wenn es so ist, wäre es doch in Ordnung, mit ihr ein Verhältnis begonnen zu haben, würde er sagen. Dann geht die Prüfung genau andersrum auf, und ich wäre der ... Vielleicht sollte ich mich gar nicht einmischen, nicht zu steuern versuchen, nicht als erster fragen, sollte abwarten und Tee trinken. Aber erstens trinke ich keinen Tee, und zweitens kann ich nicht abwarten. Er muß doch wissen, wie groß meine Liebe ist, meine Briefe, meine tausend Briefe, er kennt sie, gibt es bessere Beweise als sie? Deine Briefe sind doch nur Launen, Liebesfingerübungen auf dem Papier, Mitteilungen ... Ich würde ihn unterbrechen und sagen, meine Briefe sind keine Mitteilungen, es sind Beweise meiner Liebe, meiner Sehnsucht, meiner Gedanken an sie ... Und Christoph würde erwidern, weil der Hund in der Lage ist, meine An- und Absichten im Kopfe zu drehen: Deine Briefe brauchen nicht Marie Louise, sie brauchen überhaupt keinen Adressaten, du schreibst sie für dich, du bist eben doch ein Gaukler, ein Kind deiner Eltern, du schreibst sie, weil es dir Spaß macht, weil du halt ein Gaukler bist, ein Komödiant … Was hast du schon für eine Ahnung, würde ich denken, und mich würde seine Art zu sprechen unheimlich stören, was weißt du schon über meine Gefühle vom Eppendorfer Moor, den Augenblicken dieser Nacht, den Siegen und Untergängen, den Begierden und Einfällen, von ihren heißen Lippen, nichts weißt du davon, daß ich mir am liebsten die Beine in den Bauch stehen würde, nur um sie aus ihrem Hause kommen zu sehen, hinter einer Bude, hinter einem Baum könnte ich Nächte verbringen, nur um in ihrer Nähe zu sein … du bist aus anderem Holz, ich kenne dich, Christoph, ein Prüfer, ein Spieler, du willst nur gewinnen, als sei das Leben ein Schachspiel, so ist das mit dir. Erinnere dich, wie wir zusammen in Lübeck waren, im Schabbelhaus, und du zwei Stunden schwiegst, nur um zu sehen, wer als erster die Nerven verlor und zu reden begann. Ich habe mir dieses idiotische Spiel von dir aufzwingen lassen und ärgere mich noch heute, daß ich mitgemacht habe. Das schlimmste war die Schlägerei, die du mit mir begonnen hast, nur um zu sehen, ob ich in der Lage wäre, mich zu wehren. Erinnerst du dich? Natürlich erinnerst du dich, denn das sind die Augenblicke des Lebens, die dich interessieren, wer gewinnt. Nur damals hast du dich geirrt, hast verloren, ja, das macht mich noch heute froh. In Malente, auf einem Bauernhof, im Juli, fünf Jahre her. Wir saßen auf einem Ballen Stroh vor dem Pferdestall, und du hattest die ganze Zeit deine Zahnbürste im Mund. Ich sagte: Nimm doch das verdammte Ding aus dem Maul, wenn du sprichst, ich verstehe dich nicht ... Den ganzen Abend verbrachtest du mit der Zahnbürste im Mund, selbst als wir uns ins Bett legten, wir schliefen im Pferdestall, hattest du immer noch deine Zahnbürste im Mund und sprachst über die wichtigsten Dinge, und immer sagtest du, hör mir gut zu, hör mir gut zu, du wolltest mich provozieren mit deiner dämlichen Zahnbürste, du wolltest sehen, ob ich wütend werden würde, und da ich es nicht wurde, zogst du mitten in der Nacht meine Decke weg und schlugst auf mich ein.

Bist du verrückt?

Ich schlug zurück, bis wir beide nicht mehr konnten. Meine Lippe war geschwollen, ich blutete aus der Nase und ärgerte mich, daß du kaum verletzt warst.

Warum? Warum schlägst du mich? fragte ich und ging zum Wasserhahn, um mein Gesicht zu waschen.

Du hast in meinen Zahnputzbecher onaniert.

Bist du behämmert?

Diesmal schlug ich auf dich ein, und das hattest du nicht erwartet, ich kriegte dich sogar auf den Boden, drückte deine Arme auf das Kopfsteinpflaster und schlug zu. Diesmal traf ich dich mehr als du mich. Noch nie hatte ich jemand ins Gesicht geschlagen, ich hatte es nie fertiggebracht, aber bei meinem besten Freund konnte ich's. Ich schlug und schlug, weiß nicht, wie stark ich getroffen wurde, fühlte auch nichts, denn ich war nicht mehr bei Sinnen. Zwei ältere Männer, die mit uns im Pferdestall schliefen, trennten uns. Es dauerte lange, bis ich wieder denken konnte, ich sah dich am Wasserhahn stehen und dir das Blut aus dem Gesicht waschen. Anschließend versuchtest du, dir die Haare zu kämmen, du blicktest dich seitlich im Spiegel an, der von einer Trauerfunzel von Lampe beleuchtet wurde, um den Sitz der Haare zu kontrollieren, nur um mir zu zeigen, daß dir die Verletzungen nichts ausmachten. Aber mit deinen Haaren war nichts zu machen, du hattest eine Stoppelfrisur. Dann betrachtete ich mich im Spiegel, wusch mir das Blut vom Gesicht, und du fragtest, wie lang sind deine Haare? Ich antwortete dir nicht, du warst noch mein Feind, aber du zogst dir die Stoppeln in die Stirn, sie reichten noch nicht einmal bis zu den Augenbrauen, und lachtest mich an. Als sei nichts geschehen.

Ich habe nicht in deinen Zahnputzbecher onaniert, sagte ich.

Ich weiß, antwortetest du lässig. Dann kämmte ich meine Haare ins Gesicht, sie reichten bis zur Oberlippe, auch mit den Haaren hatte ich gewonnen, und du machtest ein anerkennendes Gesicht, nicktest mir zu, und das sollte wohl heißen, sieh an, das hätte ich nicht von dir gedacht, du kannst dich ja wehren, Hut ab, Mario, besser, als ich dachte, du hast dir das Recht verdient, ein Freund von mir zu sein.

Umsteigen. Schlump. Zum Eppendorfer Baum. Ein altes Ehepaar stand neben mir, sie krummbeinig und gebeugt, mit dicken Brillengläsern, fusseligen Haaren, zerknittertem Mäntelchen, er gerade, steif und korrekt wie ein Soldat, mit altem Hut, altem Mantel, alten

Schuhen, aber die Schuhe geputzt, blank wie ein Spiegel. Auch ihre waren geputzt. Wahrscheinlich wienerte er sie jeden Tag. Auch wenn ihr kurzes Mäntelchen auf den ersten Blick zerknittert schien, auf den zweiten war es sorgsam erhalten, die Knitter gingen auf das Alter. Auch wenn sie kaum noch aufrecht stehen konnte, er gab ihr Halt, ein Soldat, ein Offizier, nein, ein General, das Monokel fehlte noch. Aus Bismarcks Zeiten? Jedenfalls aus einem anderen Jahrhundert. Und die sechzigjährigen Schläger, Randalierer, die gemeinen alten Männer, wo gehören die hin? Hierher gehören sie, in den Orkus, in die untere Abteilung der Stadt, in die U-Bahn-Abteilung, in die Schächte, die Kanäle, wie die Gangster in den Filmen. Jeder der hier Wartenden könnte ein Verbrecher sein, alle außer dem älteren Ehepaar natürlich. Aber vielleicht sogar die, gut getarnte Verbrecher, vom KGB könnten sie sein, oder? Berufskiller in Kostüm und Maske? Vielleicht schlummert auch in mir ein Verbrecher, und irgendwann bricht er aus, wie eine Krankheit, die erst im Alter kommt. Und Christoph? Auch er? Vielleicht habe ich ihn viel zu vertrauensvoll zum Briefträger gemacht, ich hätte … ja, was hätte ich? Das ist ja die Frage, ich weiß es nicht, was ich hätte tun sollen.

Ich stellte mir Marie Louises weiße Kniestrümpfe in den U-Bahnschächten vor, wie sie leuchten würden … Als ich hörte, daß unsere Schule im darstellenden Spiel *Was ihr wollt* aufführen wollte, womöglich mit Marie Louise in der Hauptrolle, hatte ich nichts dagegen mitzumachen. Natürlich irrte ich mich, sie spielte nicht mit, sie war ja nicht in unserem Gymnasium, aber für mich wäre sie die Richtige gewesen, und natürlich gab man mir den Malvolio, nur weil meine Eltern Schauspieler sind. So ein Blödsinn. Als ob man die eigenen Eltern sei. Wären meine Eltern Straßenfeger, müßte ich die Straße kehren, wäre mein Vater Bankbeamter, müßte ich die Kasse übernehmen, wäre meine Mutter Ärztin, müßte ich die Grippe kurieren. Einen Satz muß ich wohl in der Premiere überzeugend gesprochen haben, und zwar: Erinnere dich, wer deine gelben Strümpfe lobte und dich beständig mit kreuzweise gebundenen Kniegürteln zu sehen wünschte. Meine Eltern waren Gott sei Dank nicht in der Premiere, aber ich sah Marie Louise in der zweiten Reihe, das stimulierte mich ungeheuer, und ich sagte den Satz gleich noch einmal, doch diesmal anders, ich sagte: Erinnere dich, wer deine weißen kreuzweise gebundenen Strümpfe lobte und dich beständig in weißen Kniestrümpfen zu sehen wünschte. Ich dachte, mein Deutschlehrer würde hinter der Bühne toben, was haben Sie mit dem Text gemacht, sind Sie verrückt geworden, oder so was in der Art, aber nichts, der hatte es noch nicht einmal mitbekommen, aber Marie Louise. Nach der Vorstellung huschte sie an mir vorüber und sagte, gratuliere, du bist ganz schön frech, das mit den weißen Kniestrümpfen steht bestimmt nicht bei Shakespeare. Und schon sah ich sie wieder von hinten. Erst verschwand ein weißer Kniestrumpf, dann der zweite. Um die Ecke …

Eppendorfer Baum. Meine Mutter stieg aus demselben Wagen aus wie ich. Ich war froh, daß sie mich nicht gesehen hatte. Ich blieb hinter ihr und fand, daß sie schick aussah. Langer Rock, stolzer Gang, gehen kann sie wie eine Königin, von hinten wäre sie mit ihrem Dutt gut als Endzwanzigerin weggegangen, aber nein, hatte keine Lust sie zu treffen, mir ihre Lebenshilfen anzuhören. Oder ihre Fragen. Was hast du getan, warum ist das passiert, wo warst du, mit wem warst du, wann kommst du zurück, all dieser Kram, der geht mir derart auf die Nerven, hör auf mit deiner Fragerei, sage ich dann, was ich tue, was ich lasse, ist mein Problem, und dann werde ich meistens auch noch laut, und das ist wirklich mies von mir, aber ich weiß immer, was sie will, und weil ich das weiß, will ich das nicht. Als ich das Abi machte, schenkte mir meine Großmutter einen Blumenstrauß, an den Geldröllchen gehängt waren. Ich freute mich riesig, aber dann wollte meine Mutter, daß ich mich bei meiner Großmutter sofort bedankte, gleich jetzt, rufe an, hörst du, rufe an, na, rufe doch schon an … Hätte sie mich mit diesem Rufe sofort an nicht so genervt, hätte ich angerufen, aber so ging ich weg und rief nicht an. Nein, wollte sie nicht treffen, sie ging Richtung Abendrothsweg, und ich ging den Isemarkt runter, Richtung Holi …

Manchmal tut sie mir aber auch leid. Wenn sie sich zum Beispiel über eine Rolle freut, die der Intendant ihr versprochen hat, und sie die dann doch nicht kriegt. Dann muß sie weinen, und ich ergreife ihre

Partei. Immer wenn sie weinen muß, tut sie mir leid, diese verlogenen Intendanten, sage ich ihr dann, ihretwegen mußt du nicht heulen, die sind es nicht wert, du bist mit dem kleinen Finger besser als die alle zusammen, diese Korinthenkacker, diese Besserwisser, diese verblödeten Rumbrüller, hör auf mit Weinen. Aber sie weint. Mittlerweile weint sie seltener, sie hat sich an die Kriege und Kräche im Theater und die verlogenen Intendanten gewöhnt ... All das bekam ich von klein auf mit, warum mußten meine Eltern auch an diesen Theatern sein, wenn es da so gemein und verlogen zuging, geht doch zum Fernsehen oder zum Film oder rezitiert Gedichte oder macht sonst was, sagte ich dann, soll man doch die Häuser schließen, wie das Schillertheater in Berlin, sagte ich, wenn sie so verlogen und schlecht sind, aber davon wollen beide nichts hören, da hätten Sie meinen Vater und meine Mutter erleben sollen: Von Kulturbarbarei sprachen sie, und dem Kultursenator wünschten sie die Pest an den Hals, eine größere Pfeife als den gibt es nicht, und meine Mutter sagte, Theater hat mit Kultur zu tun, wir haben in Deutschland nichts mehr, die Kultur stirbt, ja sie stirbt. Und dann weinte sie, und sie tat mir wieder leid ...

Deswegen kann ich Theater nicht leiden und hasse es, wenn wir im Urlaub in anderen Städten sind und meine Eltern sich nach Theatern umblicken, hier könnte es sein, hier müßte es sein, warum nicht hier, warum nicht da. Besonders mein Vater ist immer auf Suche, wo ist es, können Sie mir den Weg dahin erklären, ach, dorthin, ist es zu Fuß zu erreichen?, nur mit dem Auto? Ach, nur mit dem Auto. Schade. Ja, was stellte sich mein Vater vor, daß das Theater immer zur Stelle sein mußte, gleich dort, wo er gerade stand? Natürlich, sagt er, Theater muß überall sein, Theater muß bekannter und wichtiger als das Ratshaus sein, Theater ist nämlich der Mittelpunkt der Welt. Er lacht zwar, wenn er so was sagt, aber in Wirklichkeit ist er überzeugt davon, er hat eben seinen Theaterfimmel und glaubt fest daran, daß das Theater der Mittelpunkt der Welt zu sein hat. Hoffentlich hat Marie Louise nicht auch so einen Theatertick und will überall im Urlaub die Theater aufsuchen, ich würde ausrasten, bullshit, kein Theater bitte, aber ich glaube, die will, die mag Theater …

Einmal überredete mich Christoph, den *Entertainer* anzusehen.

Hab' keine Lust, sagte ich.

Der Lohner soll gut sein …

Der Lohner? Was spielt er denn …

Na, den Entertainer. Wir sollten was für unsere Bildung tun.

Tu schon genug dafür. Übermorgen muß ich nach Berlin, und da will ich meine Zeit nicht mit Theater vergeuden, du weißt …

Ja, ja, ich weiß, Theater ist dir schnuppe. Marie Louise wird auch hingehen, sagte er.

Wird sie? Wirklich?

Sie hat's mir gesagt …

Hast du sie getroffen?

Nein, sie hat mir ein Fax geschickt, sagte er und lachte.

Meine Frage war wirklich blöde. Okay, sagte ich so nebenbei wie möglich …

Ich entdeckte sie drei Reihen vor mir, mit zwei Freundinnen. Bestimmt hat sie weiße Kniestrümpfe an, dachte ich, und so stellte es sich später heraus. Wieviel muß sie davon im Schrank haben. Ich wäre selbst gern ein Paar gewesen, hätte mich gern über ihre schönen Beine ziehen lassen. Und dann dachte ich, Nägel mit Köpfen machen, heute nacht oder nie, heute geschieht es, heute noch, heute nacht noch, ich war plötzlich ganz sicher …

In der Pause fragte mich Christoph, wie ich die Aufführung fand und den Lohner, ich sagte, ja, ja, ich weiß nicht, und blickte mich nach Marie Louise um, ich konnte sie nirgendwo sehen, wo war sie? Nicht beim Ausschank, nicht vorm Eingang, nicht da, nicht dort, hatte schon Befürchtungen, sie könnte die Vorstellung verlassen haben, vielleicht ein dringender Grund, dringende Gründe erfährt man ja überall, vielleicht hatte sie auch so ein bescheuertes Handy, und jemand hatte angerufen? Wieder auf meinem Platz, sah ich sie, Gott sei Dank, und Christoph meinte, die sind in der Pause sitzen geblieben, haben das Programmheft studiert. So wird es gewesen sein, da hätte ich lange suchen können. War schon auf dem Weg in die Damentoilette gewesen, es hätte sein können, daß ihr übel geworden war, denn die Aufführung war schon zum Übelwerden, für mich jedenfalls. Und

Lohner? Mein Vater sagt, ein großer Schauspieler, und ich dachte während der Vorstellung, wenn er ein großer Schauspieler ist, muß er sich sehr anstrengen, einen schlechten Schauspieler zu spielen, und wenn er richtig gut ist, ist er eben nur richtig schlecht, aber ich gehe doch nicht ins Theater, um einen guten Schauspieler schlecht zu sehen. Oderr? Ich blickte auf die langen Haare von Marie Louise, auf ihren Hinterkopf, diesmal hatte sie die Haare zu einem Pferdeschwanz zusammengebunden; wie auf dem Bild von Picasso, Mädchen mit Pferdeschwanz, glaube ich, heißt es; bloß, Marie Louise ist viel schöner, sie hat die Augen, wo sie hingehören und nicht auf der Backe oder dem Hinterkopf wie bei Picasso. Der hat die Menschheit ganz schön verstümmelt, aber gerade deswegen mag ich ihn. Nur Marie Louise möchte ich nicht von ihm gemalt sehen. Ich sah auf ihren Pferdeschwanz, und meine Kindheitsträume waren wieder da, wie ich sie im Vorgärtchen beobachtet hatte, ihr heimlich meine Briefe in den Briefkasten steckte, und ich malte mir aus, wie es sein würde, wenn ich sagte, daß ich der Briefeschreiber war. Du? Du hast mir jahrein, jahraus geschrieben? Du warst es?, und sie umarmte mich, und ich fühlte ihre Lippen auf meinem Mund und war der glücklichste Mensch der Welt. Ich sah von der Vorstellung so gut wie nichts, ich träumte und hätte bis zu ihrem Ende geträumt, wenn nicht genau hinter mir ein Mann plötzlich so schleimig zu husten angefangen hätte. Ich drehte mich um und blickte ihn an, aber er machte sich nichts daraus, im Gegenteil, beinahe hätte er mir noch ins Gesicht gehustet, pfui Teufel.

Nach der Vorstellung lief ich schnell in den Waschraum, um mich zu kämmen. Zu Hause benutze ich immer ein Gel, dann liegen die Haare gut, aber der Toilettenmann hatte kein Gel, und so benutzte ich Wasser. Ich prüfte mich im Spiegel, und lag es am Licht oder an mir, so blöde sah ich gar nicht aus, fand ich. Unten trafen wir uns. Vorm Eingang. Ich mochte gar nichts sagen, so aufgeregt war ich, nur kurze Sätze, hatte Angst, meine Stimme könnte zittern. Wenn ich wenigstens eine Zigarette in der Hand gehabt hätte … Daran hatte ich nicht gedacht, daß ich so aufgeregt sein könnte, sonst hätte ich mir in jedem Fall Zigaretten besorgt, damit kann man die Nervosität vertuschen. Ich sagte, einen Moment, ich habe etwas liegenlassen, und lief schnell in den ersten Stock, um mir eine Schachtel zu kaufen. Als ich wieder unten war, es hatte etwas länger gedauert, weil es keine Streichhölzer gab, die mußte ich erst vom Toilettenmann besorgen, war nur noch Marie Louise da. Christoph war mit den beiden Freundinnen verschwunden. Heute frage ich mich, warum war er verschwunden? Was führte er im Schilde? Wollte er prüfen, wie es mit uns ausging? Ob ich es mit ihr schaffte? Oder ob sie mir einen Korb gab?

Marie Louise setzte sich in Bewegung, und ich folgte. In Richtung Alster. Zu Fuß? fragte ich. Von mir aus, antwortete sie. Mehr hatten wir noch nicht gesprochen. Ich blickte auf meine Schuhspitzen und auf ihre, wie sie immer am Ende des Schrittes in die Höhe schossen. Ihre waren spiegelblank, meine stumpf und ungeputzt, ich ärgerte mich, daß ich meine nicht geputzt hatte. Dabei hatte ich mit meiner Mutter vor einiger Zeit Krach wegen meiner Schuhe. Sie sagte, ich würde mal an deiner Stelle die Schuhe putzen, das Leder braucht Fett.

Warum? fragte ich.

Weil deine Sohle abgeht.

Was hat meine Sohle mit Schuhcreme zu tun?

Weil's gut fürs Leder ist, antwortete sie.

Das hast du schon mal gesagt, sagte ich noch leise, denke doch mal logisch, sagte ich nun schon etwas lauter, wie soll die Sohle etwas mit der Schuhcreme zu tun haben?

Dann gehe mal zum Schuhmacher und erkundige dich, erwiderte sie.

Du solltest mal zum Schuhmacher gehen und dich erkundigen, sagte ich. Wenn du wenigstens logisch denken würdest, Sohlen können gar nichts mit Schuhcreme zu tun haben …

Heute wünschte ich mir, ich hätte auf meine Mutter gehört und die Schuhe geputzt, meine geliebten Bulldozer, weil sie blank einfach besser neben Marie Louises ausgesehen hätten, außerdem, wenn das Leder Fett bekommt, wird es elastisch, und die Sohle würde nicht abgehen. Jedenfalls nicht so leicht. Wir sprachen wirklich kein Wort bis zum Gänsemarkt, ich blickte auf die Schuhspitzen und dachte, woran hast du gedacht, Marie Louise, während ich an das Schuhgespräch mit meiner Mutter dachte, woran? Ich sah sie von der Seite an, mein Herz schlug ganz schön wild, und dachte, heute nacht oder nie …

Hast du den Mann gehört? fragte sie.

Welchen Mann?

Den Huster.

Ach, den Huster, klar, der saß genau hinter mir.

Ekelhaft.

Ja, ekelhaft. Ich meine, man muß doch nicht ins Theater gehen, wenn man weiß, man hat die Schwindsucht.

Das muß man wirklich nicht, antwortete sie, und ihre blanken Schuhspitzen schossen unter ihrem Rock hervor.

Niemand hat sich über den aufgeregt, niemand im Publikum, niemand …

Über wen?

Den Huster, ich meine, der muß sie doch genauso gestört haben wie uns …

Hat er auch, aber die haben sich nicht getraut. Im Theater traut sich niemand, aber in der U-Bahn trauen sich alle …

Im Theater traut man sich nicht. Das ist wie in der Kirche, irgendwie heilig. Und bei Heiligem traut sich niemand. Wenn man sich gut angezogen hat, ist man nur innerlich empört …

Stimmt.

Man ist gut angezogen einfach ein besserer Mensch.

Stimmt auch. Dann sollte ich mich jeden Tag gut anziehen, sagte ich.

Ein kurzes Lachen von ihr.

Christoph erzählte, du mußt nach Berlin? Schon am Montag?

Ja, antwortete ich und bedankte mich nochmals bei ihm, daß er mit den beiden Freundinnen verschwunden war, damit ich mit ihr allein sein konnte. Danke, sagte ich in Gedanken zu ihm, und er erwiderte, gern geschehen, nun bringe mal die Geschichte mit Marie Louise endlich unter Dach und Fach. Vielleicht hat er so gedacht, vielleicht aber auch ganz anders, wer kennt schon Christoph.

Nett von ihm, sagte ich.

Was?

Daß er das so arrangiert hat.

Wieder dieses kurze Lachen. Nach einer Pause sagte sie, stimmt, ein guter Arrangeur …

Er weiß alles, er sieht alles, antwortete ich.

Ja, er könnte mal Anwalt oder Lehrer werden.

Oder Schriftsteller.

Schriftsteller?

Ja, ist sein Wunsch …

Ich denke mehr Anwalt …

Wieso?

Für'n Schriftsteller ist er zu logisch …

Unter keinen Umständen wollte ich zu lange über Christoph reden, deswegen fragte ich, hast du etwas gegen Anwälte?

Nein, warum?

Ich hatte den Eindruck …

Wenn sie unschuldigen Leuten das Leben retten,

nicht. Aber die meisten wollen doch nur Geld verdienen oder in die Zeitung und ins Fernsehen kommen, damit sie noch mehr Geld verdienen. Wer weiß, ob sie wirklich den Leuten das Leben retten wollen ...

Stimmt. Und wenn, dann haben sie's nur getan, weil sie prima Anwälte sein wollen, denen man auf die Schulter klopft und sagt, prima, prima, ich komme auch zu Ihnen, wenn ich muß ...

Genau ...

Dasselbe mit den Politikern. Mein Vater sagt immer, die können gar nicht regieren, die können nur noch reagieren, deswegen spricht er nur noch von der Reagierung.

Sie nickte.

Wieder sah ich auf ihre Schuhspitzen und war froh, daß ich neben ihr ging. Mit meiner Mutter oder meinem Vater hätte ich mich über Anwälte und Politiker sofort gestritten, aber nicht mit Marie Louise. Mein Herz schlug höher, heute nacht oder nie, aber ich mußte vorsichtig sein, vorsichtig vorgehen, und mir kamen erste Zweifel, ob es mir gelänge, ans Ziel zu kommen.

Und Lehrer? fragte sie.

Wenn sie gut sind, ja, aber nicht die gemeinen ...

Was meinst du mit gemeinen?

Das weißt du doch selbst, kaum merken sie, daß du mal mit den Gedanken woanders bist, schon nehmen sie dich ran. Erzähle mir mal über die sieben Entwicklungsphasen im Dreißigjährigen Krieg, und du guckst dumm aus der Wäsche, weil du gerade ans Bamboo gedacht hast.

Bamboo? Die Disco bei Neustadt?

Ja.

Hat der Dreißigjährige Krieg sieben Entwicklungsphasen? fragte sie.

Habe ich nur so gesagt ...

Mußt du nicht auch zu den Soldaten?

Gott sei Dank nicht in den Dreißigjährigen Krieg, sagte ich und lachte und versuchte locker zu werden, aber Soldat werde ich nicht ...

Kriegsdienstverweigerer?

Ich als Ju ... ist ja auch egal ..., aber dann sprach ich nicht weiter, hatte keine Lust, darüber mit Marie Louise zu sprechen.

Was meint, ich als Ju ...

Ich bin auch Kriegsdienstverweigerer, aber das macht alles mein Vater ...

Das verstehe ich nicht ...

Mein Vater war immer nur Kommunist, nie Jude. Aber jetzt, wo ich Soldat werden soll, ist er verrückt geworden, nie, sagte er, du wirst nie deutscher Soldat, nie, das könnte denen so passen, das erledige ich, außerdem sind wir mehr Israeli als Deutsche ... Das habe ich noch nie von dir gehört, sagte ich zu ihm.

Pause.

Mein Vetter ist auch Kriegsdienstverweigerer, er hat einen Brief geschrieben, und ich habe ihm dabei geholfen, er ist in der Rechtschreibung ziemlich schwach.

Ist dein Vetter aus Hamburg?

Aus Hannover. Wieso?

Entschuldige, dumme Frage …

Hoffentlich handelte es sich wirklich um ihren Vetter und nicht um einen Geliebten, dachte ich. Und hoffentlich wohnte er weit weg, der Vetter, besonders wenn es sich um einen geliebten Vetter oder nur um einen Geliebten handelt. Daß sie sich für mich als Soldaten interessiert, ist ein gutes Zeichen.

Wollen wir in ein Lokal? fragte ich.

Wohin?

Zu Schröder?

Ach nein.

Zur Schramme?

Vielleicht.

Ins Casanova?

Hmm …

Wo würdest du denn hinwollen?

Eigentlich gar nicht. Wenn schon, zur alten Mühle oder zu Müller-Lüdenscheidt.

Einverstanden.

Aber wir müssen in kein Lokal, sagte sie.

Das war's, dachte ich, auf dem Wege zum Ziel einen Schritt weiter. Wo wollen wir hin?

Laß uns laufen, sagte sie, es ist angenehm draußen, und ich mag keine stickige Luft …

Ich auch nicht, antwortete ich, und mein Herz begann einen neuen Freudentanz aufzuführen. Ins Niendorfer Gehege, da ist die Luft wunderbar.

Gut, antwortete sie.

Was hat denn dein Vetter geschrieben?

Warte, ich muß nachdenken. Daß er vier Jahre in einem alternativen Kindergarten erzogen worden ist, der von den Eltern geleitet wurde. Ziel war, alle Streitereien in offener Runde zu besprechen, Konflikte durch Argumente zu lösen ...

Das ist gut ...

Dieser Entwicklungsphase rechnet er seine heutige totale Abneigung gegen Gewalt zu.

Gut.

Und dann schrieben wir, was für ihn Krieg bedeutet.

Und was?

Sein Großvater hatte überall unter der Haut Granatsplitter, und jede seiner Bewegungen war eine Tortur für ihn.

Gut, gut. Habt ihr geschrieben, daß ihr euch auch vorstellen könnt, wie es den Großvätern auf der gegnerischen Seite gegangen ist? Menschliche Wracks, unter der Haut ebenfalls Granatsplitter?

Das nicht, aber daß ein Krieg noch nie etwas anderes ausgelöst hat als Kriege ...

Habt ihr den Brief schon abgeschickt?

Muß ich meinen Vetter fragen ...

Wenn nicht, soll er schreiben, er wäre ein schlechter Soldat, denn er kann auf niemanden schießen, diese Tatsache würde im Kriege bedeuten, daß er erschossen würde, was nützte aber schon eine Leiche? Die nach vorn stürmenden Soldaten würden über sie stolpern und die Schlacht verlieren ...

Marie Louise dachte nach, und ich kam langsam in Fahrt. Mich interessierte nicht der Brief ihres Vetters, mich interessierte, wie ich sie im Walde lieben würde …

Das ist gut, sagte sie, was könnte er noch schreiben?

Zum Beispiel, er würde sich göttlichen Geboten viel überzeugter als menschlichen beugen. Und eines der Zehn Gebote heißt, du sollst nicht töten, deswegen verweigere er mit aller Leidenschaft den Wehrdienst, hochachtungsvoll und so weiter …

Du bist gut …

Ist ja auch egal, was er geschrieben hat, Hauptsache, er wird kein Soldat, sagte ich und legte vorsichtig meinen Arm um ihre Schultern. Keine Gegenreaktion, im Gegenteil, sie legte kaum merklich ihren Kopf auf die Seite meiner Finger, die ich vorsichtig in die Nähe ihres Gesichtes zu bringen versuchte.

Ich wurde brutal in die Gegenwart zurückgeholt durch eine aufdringliche und laute Person, die mir auf der Straße entgegenkam, meine ehemalige Klassenkameradin Mathilde Heidemonis, die mir nie angenehm gewesen war. Weder war sie witzig noch originell, sie war immer nur zu laut.

Ich denke, du bist in Hollywood, sagte sie zu laut und lachte hysterisch. Wenn sie lachte, lachte sie immer hysterisch, vor allem konnte sie nicht aufhören, die Stimme kiekste und röchelte und gluckerte nach, wie ein alter Trabbi. Und wie sie angezogen war!

Rock, Bluse und Regenschirm mit gleichen Blumenmotiven ausgestattet … Sie war in Begleitung eines Offiziers, der einen Stock verschluckt zu haben schien.

Nicht in Hollywood? fragte sie noch mal.

Noch nicht, antwortete ich und betonte leicht das noch.

Wie wunderbar, daß wir uns begegnen, sagte sie, und ich dachte, es ist absolut nicht wunderbar.

Ja, schön, log ich.

Die laute Begrüßung war wohl nur ein Ablenkungsmanöver, wahrscheinlich wollte sie ihrem Offizier vorheucheln, ich sei ein früherer Liebhaber von ihr gewesen, das ganze Gespräch nur ein Vorwand, ihn eifersüchtig zu machen, weil er die Nase voll von ihr hatte, mit ihren bunten Blumen konnte sie selbst einen General in die Flucht schlagen.

Ich möchte dich gerne mit Robert bekannt machen, sagte sie.

Auch das noch, dachte ich und schüttelte Robert die Hand, die er mir auf gemeine Art und Weise zurückschüttelte. Robert schien einer von jenen Offizieren zu sein, die sich verweichlicht vorkämen, wenn sie nicht besonders grimmig dreinblickten und einem beim Händeschütteln die Finger zerbrachen.

Er kommt gerade aus Amerika, davor war er in Somalia und Bosnien, er hat wirklich für das Ansehen von Deutschland etwas getan, sagte sie.

Na bitte, dachte ich, dann wird er sogar ihre Blumen ertragen. Ein Offizier und die Rosen-Mathilde, und ich versuchte so freundlich wie möglich in die grimmige Miene des Offiziers zu blicken. Ich hätte mich gern länger mit Ihnen unterhalten, sagte ich kurz, aber leider, ich hab's eilig ...

Schön, dich gesehen zu haben, und grüße mir Hollywood, sagte sie zu laut, und Robert nickte ...

Werde ich, erwiderte ich schon im Weggehen.

Nein, nein, wir liefen nicht ins Niendorfer Gehege, wir trieben woandershin, wir merkten's nicht. Marie Louise blickte, noch standen wir vor der Alster, zwei Schwänen zu, wie sie zur Landung ansetzten, und ich sah Marie Louise zu, wie sie den Schwänen zusah. Marie Louise, der Traum. Aber dann die Gewißheit, nein, sie steht neben mir, sie ist kein Traum, sie ist real, hundertprozentig real, ich habe meinen Arm um sie gelegt, ich fühle sie, das ist sie wirklich, das Mädchen, das ich mir immer an meiner Seite gewünscht habe, das Mädchen meiner Sehnsucht, meiner Vorstellungen, das Mädchen mit den weißen Kniestrümpfen. Heute nacht oder nie ... Die Schwäne streckten die Füße bereits nach vorn, in Landehaltung, dann setzten sie auf, man sah das Wasser spritzen, und wir hatten übergangslos ein albernes Gespräch. Wir sprachen darüber, warum die Schwäne, wenn sie schliefen, ein Bein ins Gefieder steckten.

Weil ihnen kalt ist, sagte ich.

Und das andere Bein?

Das kommt später ins Wasser ...

Immer abwechselnd, meinst du?

Ja.

Ist es kalt, hinein ins Gefieder … Du meinst also, Schwäne bekommen kalte Füße?

Kalte Füße. Kalte Beine. Vielleicht auch nicht, denn sie hocken im Winter ja auch im Wasser …

Unser Gespräch wurde immer unsinniger. Ach, Marie Louise, mit dir macht alles Sinn, auch das Sinnlose!

Wir gingen ziellos, Rothenbaum-Chaussee, Eppendorfer Baum, weiter, weiter, an Schröder, Schramme vorbei, irgendwann standen wir im Dunkeln, der Boden war weich und morastig, wo sind wir?

Im Eppendorfer Moor, sagte sie.

Ich nahm meine Hand, die seit dem Gänsemarkt auf ihrer Schulter lag, langsam herunter, dabei ihren Arm abwärts gleitend, ihre Haut fühlend, dann berührte ich wie zufällig ihre Hand, die sie zur Faust geballt hatte. Ich umschloß sie behutsam, und sie öffnete sie, und unsere Finger betasteten sich, sehr vorsichtig noch, und ganz allmählich schoben sie sich ineinander. Wir spürten in den Fingerspitzen unsere Herzschläge. Ich schloß die Augen, um mich ganz auf sie zu konzentrieren, doch als ich sie wieder öffnete, blieb es dunkel.

Siehst du was? fragte ich.

Nichts.

Komisch, sagte ich, das erste Mal in meinem Leben habe ich das Gefühl, ich bin blind, ob die Augen zu oder auf sind, macht keinen Unterschied …

Bei mir auch …

Ich wollte sagen, wir sind blind vor Liebe, aber das

schien mir schon zu weit zu gehen, statt dessen sagte ich, ich glaube, wir müssen dahin, und hielt meinen Arm in die Richtung, von der ich annahm, daß sie uns ins Hellere bringen würde, und versuchte irgend etwas zu erspähen, das nicht schwarz war, eine Andeutung von Licht, irgend etwas, aber nichts. Nur der Himmel. Der ja, er war zwar ebenfalls schwarz, aber eine Nuance heller.

Wir müssen in den Himmel, sagte ich, da ist es eine Nuance heller.

Sie lachte.

Ich glaube, wir müssen dort lang, sagte sie.

Wo lang?

Sie schob meine Hand in die besagte Richtung. Schon beim ersten Schritt sanken wir ein, wo sind wir, im Sumpf? Weiter, weiter, doch bald merkten wir, daß wir, statt auf festen Grund zu kommen, immer tiefer einsanken, das war kein vom Regen aufgeweichter Boden, wie ich annahm, das war Moor, seit Jahren gewachsenes Moor, wie kamen wir da wieder heraus? Bei jedem Schritt schmatzende Geräusche, und bei jedem Schritt wurde es schwieriger, die Füße aus dem Moor zu ziehen. Ich stellte mir vor, wie es wäre, mit Marie Louise langsam zu versinken, bis zum Hals im Moor zu stecken, wie konnte ich sie retten, wie konnte ich in ihren Augen ein Held werden …

Was kann man tun, wenn wir bis zu den Knien drinstecken, um nicht noch weiter zu versinken? fragte sie.

Ich weiß nicht … Auf den Bauch legen, das Gewicht verteilen …

Meinst du?

Ja.

Das glaube ich nicht, antwortete sie.

Tatsächlich steckten wir nun bis zu den Knöcheln im Moor, und ich versuchte, vorwärts zu kommen. Es kam mir vor, als hingen Tonnen an meinen Beinen. Ich zog meinen hinteren Fuß mit einigen Drehbewegungen und großer Kraftanstrengung aus dem Moor und setzte ihn vor, wo er sogleich bis zum Knöchel wieder versank. Marie Louise versuchte zu folgen, aber nach einigen Schritten konnte sie sich nicht mehr bewegen. Nichts ging mehr. Ich versuchte, meine Beine zu drehen, mein hinteres neben das vordere zu stellen, und bückte mich, um, mit vereinter Kraft, ihr vorderes aus dem Moor zu ziehen und es dorthin zu setzen, wo mein hinteres gewesen war, aber es war unmöglich, beinahe wäre ich dabei aus der Balance gekommen und gefallen, aber dann doch, ja, ich zog es heraus, mit einem schmatzenden Laut, wenn wir Glück haben, kommen wir auf diese Weise vorwärts, sagte ich. Noch mal, noch mal, das hintere Bein raus aus dem Moor, und ihres dorthin, wo meins gewesen war, Schritt für Schritt, es gurgelte und schmatzte, wir sprachen kaum, aber wir kamen voran. Aber wohin? Wird uns nicht doch ein Loch erwischen, das uns verschlingt, ins Erdinnere zieht? Marie Louise, so nah am Ziel werden wir umkommen, ersticken im Moor? Nein, das wird nicht sein, das darf nicht sein, mir wachsen Bärenkräfte, obwohl ich nicht sehr stark bin, aber wir werden es schaffen, du wirst es sehen. Richtig. Nach einigen Schritten stand ich auf etwas Festem, einer Grasnarbe, nahm ich an, ich zog Marie Louise auf meine kleine Insel. Ich weiß nicht, ob ein Herz wie ein flatternder Vogel sein kann, aber meins war ein flatternder Vogel, wie verrückt wollte es heraus aus meiner Brust und in Marie Louises hinein. So nah war ich ihr noch nie gewesen. Wir drehten uns vorsichtig, um zu prüfen, wie sicher wir standen, dabei streiften meine Lippen ihre, wie zufällig, wie kommen wir von dieser Insel wieder runter? Hast du einen Einfall? Wieder drehten wir uns, und wieder berührten sich unsere Lippen, aber schon mehr absichtlich als zufällig.

Ich trage dich Huckepack, sagte ich, wieder drehten wir uns, und diesmal verharrten meine Lippen noch länger auf ihren …

Wo müssen wir lang?

Dort lang, sagte sie und zeigte in eine bestimmte Richtung, die ich nicht sehen konnte.

Rauf auf meinen Rücken, wir ziehen einfach los, sagte ich …

Mit mir auf dem Rücken?

Warum nicht?

Dann sinken wir total ein …

Wir versuchen's, antwortete ich und konnte vor Herzklopfen kaum sprechen. Rauf, sagte ich. Ich bückte mich, sie legte ihre Arme um meinen Hals, und mit einem Ruck saß sie … nein, noch nicht. Noch mal.

Jetzt, ja, ein kräftiger Ruck, und ich hatte sie huckepack, trug sie auf meinem Rücken, die kostbarste Fracht meines Lebens. Mir wuchsen Flügel, so kam es mir vor, ich flog übers Moor, meine geliebten Schuhe, meine geliebten Bulldozer, die schon meinem Vater Glück gebracht hatten, nun retteten sie uns das Leben, immer fanden sie festen Grund, Äste, Steine, was noch? Und dann? Tatsächlich, da war er, der feste Grund, gerettet, ein Schritt nach links, nach rechts, kein Einsinken mehr. War ich ein Held? Langsam, wie in Zeitlupe, sanken wir auf die Erde oder ins Gras, aber was macht das für einen Unterschied, wir fühlten uns und nicht den Boden. Ich bedeckte sie mit meinen Heldenküssen, die sie erwiderte, mit dem Knie versuchte ich ihre Beine auseinanderzudrücken, wir waren zusammen, unsere Herzen schlugen wild, wir zeugen einen, einen … einen Helden, den besten Menschen der Welt, weiter, weiter, aber … eine Grenze, da war eine Grenze, nicht zu überschreiten, uns trennen nur Sekunden vom Urknall, warum nicht? warum denn nicht?, eine unglaubliche Kraft spürte ich, die meinem Wunsch entgegenstand, schließlich ein Kampf, laß doch, laß doch bitte, ein Gegner, nicht zu besiegen, aussichtlos. Sie lachte, küßte mich und erhob sich, und ich, der begossene Pudel, fühlte meine Gefühle auf und davon fliegen. Mir schmerzten die Waden, der Unterleib, mein Herz hämmerte, kein flatternder Vogel mehr, und sie sagte, mit dem Daumen über meinen Mund fahrend, als wollte sie mich schweigsam machen, mühsam …

Was ist mühsam?

Das Eichhörnchen, sagte sie und lachte.

So?

Kennst du nicht den Spruch: Mühsam nährt sich das Eichhörnchen?

Ja, aber nur in profanen, dämlichen Zusammenhängen ...

Ebbe. Die Flut vorbei. Ich fühlte den Modder an meinen Schuhen und der Hose trocknen, und ich dachte, merkwürdig, das war mein schönstes Erlebnis, obwohl erfolglos ... War ich zu wild gewesen, zu besinnungslos? Aber wie kann man die Sinne kühl steuern, wenn man besinnungslos ist? Sie war es ja auch ... Ich konnte nicht weiterdenken, Marie Louise stellte sich vor mich, nahm meinen Kopf in ihre Hände und küßte mich, lang und innig, sie macht mich verrückt, dachte ich, sie will mich verrückt machen ... Bevor ich es werden konnte, sagte sie, laß uns gehen, es wird bald hell. Ein Laster donnerte die Straße entlang Richtung Flughafen, und das Moor erzitterte unter seinem Gewicht.

Noch zwei, drei Versuche, immer von ihr provoziert und immer von mir verloren, jeder für sich ein Weltuntergang, jeder für sich anders, aber alle gleich erfolglos. Es schien, als hatte ich mich vom besten Menschen der Welt mit jedem Versuch weiter entfernt. Es war zum Heulen, und ich liebte sie. Wir gingen stumm nebeneinander, hielten uns an den Händen, und noch nie in meinem Leben war ich so unglücklich glücklich, mit kalten Schmierflecken auf dem Bauch. Ich blickte sie von der Seite an, das nahende Dämmerlicht stellte ihr Profil deutlich heraus, wie schön sie war, und ich dachte darüber nach, einen erneuten Versuch zu starten, sie aber muß es geahnt haben, sie schüttelte den Kopf und lachte …

Warum nicht? Was hast du dagegen?

Gar nichts.

Und warum dann nicht?

Weil ich mich ohne das irgendwie stärker fühle, das ist so bei mir …

Umgekehrt ist es richtig, erwiderte ich. Die meisten fühlen sich doch stärker, wenn sie sehen, daß der andere verrückt nach einem ist … ich drücke mich vielleicht ein bißchen unklar …

Nein, nein, das stimmt, nur bei mir ist es anders …

Wieso ist es bei dir anders?

Ich finde es so aufregender …

Wieso aufregender?

Man kann nicht alles erklären …

Du könntest schon, aber du willst nicht …

Ich kann's nicht …

Das glaube ich nicht …

Glaubst du, ich lüge dich an?

Das nicht, du bist nur nicht ganz offen zu mir …

Ich bin ganz offen zu dir.

Ich war nahe daran, auch ganz offen zu sein, ihr zu sagen, daß ich derjenige mit den Briefen war, nein, nein, noch nicht, vielleicht nie … sag mal, sagte ich, mit wie vielen hast du schon geschlaf … Nein, nein, unterbrach ich mich, das hätte ich nicht fragen sollen …

Warum nicht?

Weil es taktlos ist …

Ich finde es nicht taktlos …

Ich will es nicht wissen, nicht wissen …

Warum hast du dann gefragt?

Ohne nachzudenken, es kam einfach …

Ich möchte es schon wissen, wenn mich jemand interessiert, wie seine Vergangenheit aussieht, dazu gehört auch, mit wie vielen er geschlafen hat, ich habe mit zwei …

Ich will es nicht wissen, habe nichts gehört, o Marie Louise, ich liebe jeden Zentimeter an dir, mit und ohne Vergangenheit, nein, nein, das sagte ich nicht, aber das dachte ich … Und dann merkte ich, daß meine Armbanduhr fehlte, meine Uhr, sagte ich, ich muß sie verloren haben, wenn das im Moor war, finde ich sie nie wieder.

Nicht im Moor, antwortete sie.

Woher willst du das wissen?

Beim zweiten Mal hattest du sie noch.

Beim zweiten Mal hatte ich sie noch, so klar kann man sich ausdrücken, und ich mußte trotz des Verlustes meiner wertvollen Armbanduhr lachen. Was heißt wertvoll. In San Francisco erhandelt, eine mit Leuchtziffern, zum Aufziehen, na ja, vielleicht nur fünf Dollar wert, aber aus San Francisko …

Marie Louise untersuchte meine Sachen. Im Jackett nichts, in der Hosentasche nichts, manchmal, sagte sie, hat man sie in Gedanken abgemacht und einfach in die Hosentasche gesteckt …

Natürlich wußte sie, wie sie mich schachmatt setzen konnte, komm, sagte sie, wir suchen sie.

Ich dachte an meine erfolglosen Versuche und hatte keine Lust, ein weiteres Mal erfolglos tätig zu werden, nach so vielen Erregungen, nein, morgen ja, heute nicht mehr, aber dann küßte sie mich …

Ja, antwortete ich.

Marie Louise hatte die Etappen unserer Schlachten besser im Kopf. Es war noch kein Dämmerlicht, aber die schwarze Nacht löste sich allmählich auf. Hier ist eine Weggabelung, sagte sie, gleich sind wir da. Hier war es, sagte sie. Wir knieten nieder und suchten, dabei stellte ich mir vor, wie wir beide, achtzigjährig, dieses Moor aufsuchten, sie im Rollstuhl und ich an Krücken, um die Orte unserer ersten Liebesschlachten wiederzufinden. Marie Louise im Rollstuhl machte mich traurig. Ich an Krücken war mir, ehrlich gesagt, total egal. Selbst als ich uns austauschte, mich in den Rollstuhl verfrachtete und ihr die Krücken überließ, bekam ich mit mir kein Mitleid, nur mit ihr. Irgendwie hatte ich zu mir keine große Sympathie, als alter Mann mochte ich mich schon gar nicht.

Was ist das? fragte sie und hielt mir meine Armbanduhr vor die Nase. Ihre Augen leuchteten, konnte ich mir vorstellen, ich wünschte mir, sie sehen zu können. Ich band meine Uhr um, hielt sie an mein Ohr, das vertraute Ticken, küßte Marie Louise, und diesmal hatte ich das Gefühl, sie ließ mich gewähren, ich wartete beinahe vergeblich auf den Widerstand, o Marie Louise, ich verliere schon wieder meinen Verstand …

Heben wir es uns auf für später, sagte sie …

Aber bis wann? dachte ich, oder sagte ich es?

Bald, sagte sie, komm, wir gehen zurück.

Warum gebe ich immer sofort auf, wieso gewinnt sie dauernd und warum verliere ich dauernd, sie will ja auch, und was heißt bald? In fünf Minuten oder in einem Jahr, bald, was heißt bald? Kann eben alles heißen? Ich mochte mir nicht vorstellen, wie sich Christoph in meiner Situation verhalten hätte …, Christoph mit Marie Louise … Beinahe war ich froh, daß ich durch eine merkwürdige Figur, die uns entgegentorkelte, auf andere Gedanken gebracht wurde. Marie Louise drückte meine Hand, nun konnte ich es ihr beweisen, wer ich war, ihr Retter, ihr Befreier, nun werde ich für alle Zeiten als ein Held in ihrem Gedächtnis aufgehoben sein, ich, Mario aus Eppendorf, aber je näher wir dem Mann kamen, desto mehr verließ mich mein Heldentum. Ich war auf keine Heldentat scharf, nur vorbei an ihm, ohne Aufsehen, ohne Rempelei, es macht eben keinen Spaß, wenn man als Feigling auf die Welt gekommen ist. Wenn er irgendwas machen sollte, gleich die Faust in die Visage, ohne Zögern, die Verblüffung ist es, mit Verblüffung kann ein viel Schwächerer einen viel Stärkeren k.o. schlagen. In der Tasche ballte ich die Faust, gleich aufs Kinn, nahm ich mir vor, sofort und so stark wie möglich … aber dann waren wir an dem Mann vorbei. Ich öffnete die geballte Faust in der Tasche noch nicht, zur Sicherheit, vielleicht drehte er sich um, kam zurück, vielleicht würde ich sie noch brauchen und da könnte der Augenblick, in dem man die Hand zur Faust ballen muß, die Niederlage bedeuten. Der Zeitverlust. Wir drehten uns gleichzeitig um und konnten von der torkelnden Gestalt nichts mehr sehen. Marie Louise umarmte mich, und dann passierte es, so unverhofft, so unerwartet sanken wir auf den Boden …

Obwohl es nun bald hell war, war es bei Müller-Lüdenscheidt proppenvoll. Vor uns warteten noch vier andere Paare auf einen freien Platz, aber Marie Louise nahm mich an die Hand und führte mich durch die Kneipe nach hinten, an der Wand ergatterten wir zwei Plätze. Ich weiß nicht mehr, wie viele Male wir an diesem Abend ich liebe dich gesagt hatten, sie und ich abwechselnd, Tausende Male, nie gelogen, ehrlicher hatte ich es nie gehört und ehrlicher nie gemeint. Oh, ich liebe dich mehr als alles auf der Welt. Marie Louise sagte, einen Moment, und verschwand. Als sie wiederkam, beugte sie sich zu mir hinunter, wirst du mir schreiben, wenn du in Berlin bist?

Ja.

Täglich?

Stündlich. Wohin soll ich schreiben?

Schreibe an Christoph. Ich werde meine Adresse in der Glocke hinterlassen, ich suche gerade eine neue Bleibe …

Wir blickten uns nur an, die Stimmen im Hintergrund verschwammen, der Kellner ließ uns allein, es gab nur uns. Sie entfernte sich ein zweitesmal, und ich wartete auf ihre Rückkehr. Ein Pianist spielte Jazz, sein Gesicht konnte ich in zwei Spiegeln sehen, die seitlich an die Wand montiert waren. Während des Spielens stöhnte und raunzte er, ich fand es ziemlich widerlich. Er spielte immer um das Thema herum, lauter sinnlose Schnörkel, Pralltriller, Oktaven, Läufe, daß man das musikalische Thema gar nicht erkennen konnte. Als er aufhörte, war die Hölle los. Die Leute trampelten mit den Füßen vor Begeisterung, klatschten und pfiffen, als hätten sie das Tollste der Welt gehört. Der Ober kam vorbei, brachte mir ein Bier und sagte, die Dame hat es bezahlt, Sie sollen nicht mehr auf sie warten, sie ist gegangen. Die Dame ist gegangen, die Dame ist gegangen, wiederholte ich und mußte lachen …

Ich nahm mir alle Bierdeckel vom Tisch und begann zu schreiben.

Liebste, meine Marie Louise, Du Teuerste auf der Welt,

mein Glaube an die Macht einer keuschen reinen Seele ist ungeheuer. Ich kann die heutige Nacht nicht vergessen, nie, nie, und wenn ich mit Dir durch den Schlamm in die Hölle gemußt hätte, ich kann mir nichts Schöneres denken, als mit Dir alles gemeinsam zu erleben. Als der Ober sagte, die Dame hat das Bier bezahlt und ist gegangen, mußte ich lachen, Du bist zwar weg, aber hier, ich bin so voll von Dir, daß ich beinahe denke, wenn Du da wärst, könnte ich das Zuviel von Dir gar nicht ertragen … dennoch würde ich Dich gern im Schlaf überraschen. Noch einmal Dich küssen, nicht nur die Lippen, ach, Marie Louise, wenn Du mich nur ein wenig kennen würdest, wüßtest Du, wie ernst es mir mit Dir ist. So ernst verliebt war ich noch nie im Leben, meine Schweigsame, meine Große und Kleine, meine Angebetete, meine und abermals meine! Gerne hätte ich es, wenn wir uns das nächstemal treffen, daß Dir Tränen in den Augen stünden, aber dann wären ja Deine Augen gerötet, und ich möchte, daß sie glühen, mich durchdringen, wie eben hier bei Müller-Lüdenscheidt, aber wie schafft man Tränen in glühende Augen? Ich werde für Dich weinen, denn wenn man liebt, weint es sich leicht. Immer wenn ich meine Augen schließe, sehe ich Dich, Deine Augen, die mich eben noch angeglüht haben, sind jetzt bei mir im Kopfe, und ich küsse sie tausendmal, wenn ich mir das vorstelle, tue ich das wirklich, und ich hoffe wenigstens, daß Du meine Küsse spürst. Ich umarme Dich und lasse Dich nie mehr los …

PS. Bevor ich ein Recht dazu habe, bin ich eifersüchtig, daß mir der Kragen platzt. Wenn ich mir vorstelle, daß Du einen anderen anblickst, greife ich zur Pistole und erschieße erst ihn und dann mich, und sterbend reiche ich Dir die Pistole, Du sollst entscheiden, ob Du mit mir kommst oder mich allein ziehen läßt, bitte Marie, bitte komm und tröste mich und sage mir, daß ich keinen Grund zur Eifersucht habe. Du darfst es nicht zulassen, daß ich traurig bin, wie ich es nicht zulassen werde, daß Du es bist. Versprich mir das, ich verspreche Dir das im Namen meiner Liebe! Eine Million Küsse meinem Liebling, meiner schlammbedeckten Blume aus der Hafenstadt, meiner Heckenrose …

Putze Dir die Nase, und mache Dich schön für mich …

Ich weiß es immer noch nicht, war es grausam von Dir, oder tatest Du es einfach nach dem Motto, ich mache es mal anders als die anderen? Tatsächlich, es war so anders, daß ich dem Irrsinn in Dir, der Dich zum Weggehen trieb, meine ganze große Hochachtung ausspreche. Der eitle Pianist, der immer während des Spielens graunzte, spielte, als der Kellner mir mitteilte, daß Du gegangen seist, eine so wunderbare Melodie, wenn ich nur wüßte, wie das Stück heißt, daß ich dachte und hoffte, Du hattest ihn gebeten, das zu spielen … Könnte es so sein? Es ging zu Herzen, ich habe das Stück dort aufbewahrt und hoffe sehr, Du hast es ebenfalls dort verwahrt. Es war eine Musik nur für uns beide. Schreibe mir bitte, ob es so ist. Einen Brief, den ich aus ganzer Seele erhoffe. Hast Du bemerkt, daß wir heute nacht dem Tode nahe waren? Hast Du nicht an die Möglichkeit des Versinkens gedacht? Doch Du hast. Als ich Dich auf meinem Rücken trug und Deine warmen Lippen mich berührten, dachte ich, die ganze Welt bestünde aus Deinen warmen Lippen, und Du wußtest, was Du tatest, Du gabst mir die Kraft, uns beide aus dem ewigen Moor zu befreien, ohne Deine Lippen hätte ich es nicht geschafft …, und ich danke dem torkelnden Kerl, der uns durch die Nacht entgegenkam, denn erst durch ihn wurde ich zum Helden, der Dir würdig genug war, ihn gewähren zu lassen, ihm keine Widerstände mehr in den Weg zu legen. Ich kann nicht aufschreiben, was in dem Augenblick meine Sinne bewegte, der ganze Irrsinn meiner Begierde brach über mich herein wie ein Gewitter, ich sah und fühlte Dich in zweitausend Stellungen, begabt für die Liebe, wie ich es nie schaffen werde, ich bleibe ein Stümper gegen Dich, verachte mich nicht …

Dein Mario.

Es war 15.15. Stand vorm Holi und beschloß, mir den französischen Spielfilm *Die Liebenden von Pont Neuf* anzusehen, die schnellste Möglichkeit, die blöde Zeit hinter sich zu kriegen. Ich hätte auch mindestens zehn Freunde anrufen und fragen können, ob sie Lust hätten, sich mit mir zu treffen, aber ich wollte nicht. Allein das Gefühl, die Möglichkeit zu haben, sich mit ihnen zu treffen, genügte mir. In den letzten Jahren bin ich, so glaube ich, bei meinen Freunden beliebter geworden. Früher wirkte ich vielleicht arroganter, weil ich ein großes Selbstbewußtsein zeigte, aber so groß ist es ja gar nicht, wie Sie wissen. Viele denken, wenn man sagt, was man denkt, ist man arrogant, dabei sage ich schon gar nicht mehr, was ich denke, und das ist auch der Grund, warum ich bei meinen Freunden beliebter geworden bin. Häufig mache ich Witze über mich, nur damit meine Freunde denken, der ist gut, der macht Witze über sich, der kann über sich lachen, dabei ist alles nur geheuchelt, in Wirklichkeit bin ich sehr leicht zu verletzen. Dabei sehe ich das für mich ganz anders, wenn einer über sich lacht, denke ich sofort, gelogen, geheuchelt, macht er nur, um sich angenehm zu machen, ich mag die nicht. Es ist vielleicht seltsam, wenn man das über sich selbst sagt, aber im Grunde sind mir Typen wie ich nicht sehr sympathisch. Da sind mir die Vermiesten im Grunde lieber, schlechte Laune ist schlechte Laune, und ich muß nicht immer untersuchen, ist der nur mir zuliebe so, wie er ist, oder ist er wirklich so ...

Der Film lief im Kino zwei und hatte gerade angefangen. Ich brauchte einige Zeit, um mich an die Dunkelheit zu gewöhnen, tastete nach einem Platz, aber da saß schon jemand. Später merkte ich, daß ich mich auf den einzigen Platz setzen wollte, der besetzt war.

Mit dem Film konnte ich gar nichts anfangen. Einmal, weil ich mich nicht richtig konzentrieren konnte, zum anderen, weil ich ihn einfach nicht interessant genug fand. Auch keine Geschichten finden sich manchmal zu einer Geschichte zusammen, hier nicht. Als das blinde Mädchen Wasserski lief, wurde mir richtig übel, und als sie plötzlich erfuhr, daß ihre Augen gerettet werden können, weil gerade ein Mittel erfunden worden war, verließ ich das Holi und war deprimiert. In dieser Stimmung dachte ich, daß alles so eintreffen wird, wie es die Wahrsagerin prophezeit hatte. Mit Fünfzig werde ich tot sein, und Christoph wird Marie Louise heiraten. Ich spürte mein Herz im Kopf pochen und wollte es da loswerden. Was hatte es im Kopf zu pochen? Wenn man den Kopf wenigstens ausschalten könnte wie ein Radio, warum hat der liebe Gott diese Erfindung den Menschen nicht zugute kommen lassen, ich wäre glücklich darüber. Den ganzen Trödel schleppt man im Gehirn mit sich rum, jeden noch so blöden Gedanken, man ist ihm total hilflos ausgeliefert. Marie Louise, ich werde dich verlieren, lieber Christoph, unsere Freundschaft wird in die Brüche gehen, nichts wird mehr so sein, wie es war, auch Hamburg nicht. Oder? Mit Christoph hatten wir uns als Kinder ein Spiel ausgedacht, an der Ostsee, in Haffkrug. Wir schippten Gräben, Kanäle, eng verzweigt, so daß das Wasser sowohl hinein- als auch herausfließen konnte. Wer als erster so ein System gebuddelt hatte, war Sieger. Der Sieger durfte den anderen mit Schlamm bewerfen. Wir nannten das Spiel Der schwarze Verlierer. Ich war ein schwarzer Verlierer.

Um mich abzulenken, ging ich in eine Buchhandlung und sah mir ein Kunstbuch an, *Kunst der Gegenwart* von Klaus Honnef. Als erstes war ein Foto, das die Künstler in einer Reihe zeigte. Das war wirklich komisch. Von links nach rechts: Michael Werner, Hand in der Tasche, Buch unterm Arm, Schlips, vielleicht seid ihr doch die Größeren, denkt er. Detlef Gretenkort, Schlips, beide Hände in den Taschen, gleicher Blick, gleicher Gedanke. Per Kirkeby blickt geradeaus, linke Hand in der Tasche, gestreifter Anzug, sah aus wie ein Versicherungsbeamter, ein gut getarnter Künstler. In der Mitte der Kleinste, aber mit der Rechten dem Betrachter klarmachend, ich bin der Größte, A. R. Penck. Und dann die Mafiachefs: Markus Lüpertz, Zehen nach innend zeigend, Zigarette in der Hand, seht mich an, der Blick von unten nach oben, ich bin der Größte, daneben Georg Baselitz, sich in die Höhe streckend, als einziger eine Mütze auf, ich bin der Größte, ich, ich, ich! Und ganz rechts, sich gegen die Reihe lehnend oder richtiger, die Reihe haltend, sonst würden sie alle auf der Nase liegen, Jörg Immendorff, was wärt ihr alle ohne mich? Penck und Immendorf leisteten sich als einzige, keine Schlipse umgebunden zu haben ... Für einen Moment konnte ich lachen, haben mich diese Genies auf andere Gedanken gebracht. Sie wissen ja schon, daß ich diese Genies aus ganzem Herzen hasse, aber wenn ich ganz ehrlich bin? Ich hab's schwer, mir etwas einzugestehen, es fällt mir sehr schwer, aber in Wirklichkeit fühle ich mich diesen Leuten nur unterlegen, deswegen mache ich sie schlecht, wahrscheinlich, weil ich nie so etwas leisten werde wie sie, obwohl ich es insgeheim möchte. Insgeheim möchte ich sein wie sie; wenn ich mir zum Beispiel einen Platz auf diesem Bild durch Arbeit verdient hätte, würde ich keine Angst um Marie Louise haben ...

Ich setzte mich in eine Kneipe, bestellte mir einen Whisky und schrieb an Marie Louise.

Meine ferne Nahe; ich denke darüber nach, warum ich traurig bin und komme nicht drauf. Vielleicht, weil ich in Deiner Nähe bin. Ich wünschte mir, ich wäre groß, innerlich groß und würde nur an Dein Glück denken und nicht an meins. Wäre es so, könnte ich Dir aus vollem Herzen zu Christoph gratulieren, den ich, wie Du weißt, für meinen besten Freund halte. Ich sehe Deiner Hochzeit mit ihm entgegen ...

Ich zerriß den Bierdeckel schnell und blickte auf die Mädchen, die sich vor der Kneipe versammelt hatten, besonders auf ihre Beine. Ich habe eine Schwäche für Beine. Manche waren lang und schön, andere dick und schön, wieder andere unsäglich häßlich. Ein Mädchen hatte die komischsten Beine, die ich je gesehen hatte, wie verkehrt eingehängt, oben waren sie dünner als unten. Sie schien sich daraus nichts zu machen, sie erzählte wohl Witze, und die anderen lachten darüber. Dann drehte sie sich um, und ich sah sie von vorn und stellte fest, daß sie sehr hübsch war. Dann kniff ich die Augen zusammen und stellte noch etwas sehr Merkwürdiges fest: daß die Gesichter fast nie zu den Beinen paßten. Ich versuchte, die Beine auszutauschen, das amüsierte mich. Nur zwei Mädchen konnten ihre Beine behalten, alle anderen bekamen von mir neue verpaßt ...

Ich hatte das Gefühl, jeden Augenblick könnte Christoph erscheinen, denn wo Mädchen sind, ist er nicht weit. Er würde sicherlich lässig hereinschlendern und sagen: He, Alter, was machst du für ein blödes Gesicht. Diese Begrüßung würde mich sofort heiter machen, denn so begrüßt man seinen besten Freund nicht, wenn man ihn betrogen hat. Da würde man doch nicht sagen, was machst du für ein blödes Gesicht, wenn man ein schlechtes Gewissen hat? Und was würde ich antworten? Sieh mal dein Gesicht an, dann weißt du, was blöd aussieht ... nein, ich sollte auf das blöde Gesicht überhaupt nicht eingehen, denn meins sieht in jedem Fall blöder aus, ich sollte einfach sagen, He, Alter, gut dich zu sehen, wie geht's?

Gut, sehr gut.

Das sehr gut würde mich etwas stören, aber vielleicht auch nicht, und ich würde fragen, hat Marie Louise meine Briefe bekommen?

Er würde nun antworten, ja, oder: Sie hat mir ihre Adresse noch nicht mitgeteilt. Bei ja wäre es erledigt, aber was, wenn er ihre Adresse wirklich noch nicht bekommen hat? Soviel ich weiß, will sie Architektur studieren, er hätte ja …

Er würde mich unterbrechen und sagen, meinst du, ich bin nicht in der Lage, jemand in Hamburg zu finden? Ausgeschlossen, daß er einfach nichts unternommen hätte …

In meiner Tasche fand ich einige lose Zigaretten, ich bekam sie aber mit dem Streichholz nicht an, weil sie feucht waren. Wie konnten sie in meiner Tasche feucht werden? Wahrscheinlich hatte ich mit dem nassen Whisky-Glas herumgespielt und dann war ich mit den Händen in der Tasche. Ich zündete das Streichholz an, hielt es schräg und beobachtete die Flamme. Als sie in der Mitte war, faßte ich das Streichholz am Kopf an, der nicht abbrach. Gewöhnlich brechen die Köpfe ab, wenn sie verbrannt sind. Ich blickte zu, wie die Flamme am Ende abnippelte. Ich hatte nur einen kleinen, krummen schwarzen Stengel in meiner Hand. Man sagt, so was bringt Glück. Ich brenne gern Streichhölzer auf diese Art ab. Gern hätte ich noch andere abgebrannt, aber in Gegenwart der vielen Mädchen, die jetzt auch in die Kneipe kamen, wäre das zu bescheuert gewesen. Am Nebentisch sprach man über informelle Kunst, aber es war viel zu laut, um etwas verstehen zu können. Ich bestellte mir noch einen Whisky und schrieb wieder an Marie Louise.

Maria Louisa, Mia!

Ich sitze hier zwischen vielen Mädchen und sehe Dich unter ihnen. Du bist die Schönste, die Süßeste, und in Deinem Höschen ist ein kleiner brauner Fleck. Entschuldige meine dreckige Fantasie, denke nicht weiter darüber nach, sondern liebe mich weiter, mit und ohne Fleck! Meine kleine Mia Katze, Louisa Katze, Maria Katze, von Deinem Mario Kater!

Ich zerriß auch diesen Bierdeckel ganz schnell. Am Nebentisch mußte sich etwas ereignet haben. Die Dame und der Herr, die eben noch über informelle Kunst gesprochen hatten, schwiegen. Er sah ihr zu, wie sie weinte. Offensichtlich hatte er ihr etwas Trauriges erzählt, eine Geschichte oder so was. Ich hatte das Gefühl, sie weinte nicht über die Geschichte, sie weinte, um ihm zu beweisen, wie mitfühlend, wie sensibel sie sei. Ich glaubte ihren Tränen nicht. Da sind mir die, die im Kino an den verlogensten Stellen weinen, lieber, die weinen wenigstens für sich. Da weine ich auch, gar nicht so selten, an den blödesten sentimentalen Stellen, und dann ist mir das peinlich. Aber die am Nebentisch? Die will sich nur in sein Herz weinen... Eigentlich hasse ich es, andere Leute zu analysieren, sagt mein Vater auch immer, nur nicht analysieren, wir wissen ja, daß die Menschen zum Kotzen sind. Wozu Beweise finden.

Ich bestellte mir einen Espresso und dachte an das viele Geld, das ich heute in Kneipen ausgegeben hatte. Ich mußte ja nun versuchen, mit dem bißchen Geld über die Runden zu kommen, ein nächster Job war nicht in Aussicht, da sollte ich besser aufpassen. Wenn mich Christoph einladen will, ich werde nicht nein sagen, obwohl mir so was nicht liegt. Lieber zahle ich, aber hinterher ärgere ich mich, deswegen ist mir am liebsten, jeder für sich. Außerdem würde mich Christoph nie einladen, er ist nämlich nicht besonders spendabel, eher geizig, ich werde gleich sagen, jeder für sich, dann ist wenigstens Ruhe. Obwohl er sicherlich denkt, ich könnte zahlen, denn ich habe ja gut verdient, beim Film verdient man doch viel, sagen doch alle, also lade mich mal ein, ich sage nicht nein, was dann? Das ist richtig, antworte ich dann, habe gut verdient, aber noch haben sie's mir nicht aufs Konto überwiesen, außerdem bin ich in Berlin geizig geworden.

Warum das?

Weil ich nach Hollywood gehen werde, gute Leute braucht man dort, und in Berlin war man über meine Arbeit sehr begeistert, und da muß ich mit dem Geld haushalten, denn in Hollywood dauert's ja eine Weile, bis man einen Job kriegt. Und dann werde ich ihn befragen, obwohl er das haßt. Er fragt lieber andere aus … Für den Kellner hielt ich mir immer das Espresso-Täßchen vor den Mund, tat so, als wäre es noch voll, denn ich wollte mir nichts mehr bestellen, und fühlte mich zwischen den Mädchen richtig unbeobachtet. Ich hatte nicht bemerken können, daß eine ein Auge für mich gehabt hätte, dennoch war ich zufrieden, so konnte ich meinen Gedanken nachhängen. Ich hatte plötzlich wieder Herzklopfen und dachte, was wird geschehen, wenn ich Christoph um acht gegenübersitze? Wenn ich nämlich merkte, daß so ein kleines Lächeln um seinen Mund huschte, für keinen anderen sichtbar, aber ich sehe das, wie werde ich mich verhalten? Dieses Lächeln huscht immer dann um seinen Mund, wenn er sich überlegen fühlt, und meistens ist er es ja auch. Ich hoffe, es geht dann nicht mit mir durch, hoffe, ich kann mich beherrschen. Ich kenne mich, manchmal brülle ich dann los, und hinterher ärgere ich mich über mein Verhalten. Dabei hätte er ja die Sauerei begangen, ich meine, wenn er mich betrogen haben sollte. Und schließlich ist es mir lieber, ein anderer hat die Sauerei begangen, aber es würde ganz schön weh tun. Daß er auf mich zukommen und sich in die Brust werfen würde und einfach verkündete, er habe mit Marie Louise ein Verhältnis, das schließe ich aus. Außerdem hat er erzählt, er hat ein Verhältnis mit einer Geigerin aus Korea, die ganz toll sein soll, die auch malt, Stilleben und so was. Eine ganz zierliche, ängstliche Person, die nur tote Gegenstände malt, weil sie vor Lebendigem Angst hat. Jedenfalls war er mit ihr im Konzert, Gidon Kremer spielte die César-Franck-Sonate, in Hasselburg war es; und er spielte sie ganz anders, als sie sie spielte. Die lauten Stellen leise, die leisen laut, alles ganz anders, als man sie gewöhnlich zu hören bekommt, sie war aus dem Häuschen und konnte ihre Begeisterung nicht zurückhalten, sie nahm ihn mit aufs Zimmer und schlief mit ihm. Sie könne nur deswegen mit ihm schlafen, weil sie so ein starkes geistiges Erlebnis gehabt habe. Sex muß immer mit einem geistigen Erlebnis gepaart sein, anders geht's nicht. Und das war eine These, die Christoph ebenfalls vertrat, er hatte seine Unschuld schon mit dreizehn verloren, aber immer wieder verkündete er in der letzten Zeit, puren Sex lehne er ab. So ein Blödsinn, die Nutten würden ganz schön Pleite machen, ohne puren Sex. Das sagen Mädchen gern, ich kann dich nur lieben, wenn ich dich auch geistig schätze, und dann kommt heraus, daß sie am Geistigen gar nicht interessiert sind. Es genügt schon für den Geist, wenn man sie vorher zum Essen eingeladen hat. Ich will nichts gegen Christophs Geigerin sagen, das liegt mir fern, aber als ich hörte, sie sei aus Korea, dachte ich nicht so gut über sie. Bestimmt nicht ihre Schuld, aber ich habe mal einen Film gesehen, in Korea oder China war's, da hatte man Hunde lebendig aufgehängt und totgeprügelt, wegen des Adrenalins, das besonders gut fürs Fleisch sein soll, und dann werden diese armen Viecher in teuren Restaurants serviert. Pfui Teufel! Ich bestellte nun doch noch einen Whisky, mit Wut im Bauche ist mir Geld egal. Mit Wut im Bauch werde ich leichtsinnig, es gibt eine Grenze, die darf man bei mir nicht überschreiten.

Ich schrieb auf einen Bierdeckel, den ich mir vom Nebentisch holte, einen sehr knappen Brief an Marie Louise, selbst sie kriegte etwas von meiner Wut zu spüren.

Marie Louise,

wenn Christoph Dir. diesen Brief übergibt, weißt Du, daß ich ihn für einen gemeinen Menschen halte.

Mario.

In Gedanken herrschte jetzt eine solche Spannung zwischen Christoph und mir, daß ich ihm, wenn er dagewesen wäre, vors Schienbein getreten hätte. Und den Brief hätte ich ihm vor die Augen geschoben, da lies!, aber er hätte ihn nicht gelesen, bestimmt nicht, ich kenne ihn, wahrscheinlich hätte er ihn in kleine Stücke zerissen und in den Aschenbecher gelegt, dabei hätte er mich die ganze Zeit angestarrt. Und genußvoll hätte er gestarrt, als wollte er sagen, deine Gedanken sind Mist, aber gesagt, nein, gesagt hätte er nichts, er wüßte ja, ich hätte ihn verstanden. Christoph versteht man eben immer gut. Ich bestellte noch zwei Whiskys, die ich nacheinander hinunterkippte. Er kann ein so gemeiner Typ sein. Ich sah ihn vor mir, wie seine Lippen sich in alle Himmelsrichtungen verzogen, Spott, so viel Spott, daß die Lippen gar nicht zu formen vermochten, was sie gerne mitgeteilt hätten. Nun würde ich doch sagen, du hast mit ihr geschlafen, und er würde mir antworten, mit diesem Mundgekräusel, take it easy. Oder wenn er noch gemeiner wäre, würde er sagen, ja, und zwar mit großem Vergnügen. Obwohl er mich durchschaut hätte, würde er mir nicht zeigen, daß er mich durchschaut hatte, er denkt nämlich auf mehreren Ebenen; vielleicht würde er auch sagen, beinahe hätte ich mit ihr geschlafen, und ich müßte nachfragen, wieso beinahe? Und er würde lässig sagen, sie wollte nicht. Gleichzeitig könnte ich mir vorstellen, daß er mir nicht ums Verrecken die Möglichkeit zum Nachfragen gäbe, ich kenne ihn. Ich an seiner Stelle würde wahrscheinlich nur kurz ja sagen, habe mit ihr, damit wäre die Angelegenheit vom Tisch. Wenn er also schlicht ja sagt, hat er alle übrigen Schritte bereits durchdacht. Schachspieler. Vielleicht sagt er auch nur ja und hat gar nicht? Und wenn er ja sagt, was werde ich ihm antworten, um ihm seine Freude auf meine gequälte Seele zu vermasseln? Ich werde nichts sagen. Ihn einfach nur angucken. In die Augen, aber nur in eins. Das ist stärker. Und dann werde ich sagen, so, so, du hast also mit ihr geschlafen, aber so nebenbei, wie andere Guten Morgen oder Mahlzeit sagen. Aber vielleicht mache ich auch etwas ganz anderes ... vielleicht kommt mir der Zufall zu Hilfe. Den wünsche ich mir immer herbei, wenn ich nicht weiterweiß, der ist klüger und stärker als ich; denn sonst bleibt mir nichts anderes übrig, und ich trete ihm wirklich vors Schienbein. Vielleicht kommt auch die alte Dame, mit der er immer Schach spielt und die meistens gewinnt. Das hat er nicht oft erlebt, daß jemand anders gewinnt. Und wenn der Zufall ausblieb? Ich fühlte eine solche Wutwelle in mir hochkommen, daß ich mit der Faust auf den Tisch schlug, ich hatte mich in Rage gedacht. Für einen Augenblick war es in der Kneipe mäuschenstill, alle blickten mich an, und mir war es noch nicht einmal peinlich, während mir doch gewöhnlich fast alles peinlich ist. Ich legte dreißig Mark auf den Tisch. Ich wußte, alle blickten auf mich, ich nahm mir vor, beim Rausgehen gut auszusehen, und stellte mir vor, wie mein Abgang aussehen sollte. Leider wurde die Kneipe immer voller. Nun setzten sich noch zwei Pärchen an meinen runden Tisch. Das eine hielt sich auch beim Umblättern der Speisekarte an den Händen. Ich dachte, schön, einfach schön. Sich auch beim Essen an der Hand zu halten. Nur wenn es ein zähes Filetstück ist, wird es schwer. Und dann dachte ich, der eine hält sie an der Hand, weil er noch nicht mit ihr geschlafen hat, der andere hält nicht, weil er schon mit ihr geschlafen hat. Aber das war natürlich dummes Zeug, das wußte ich auch. Endlich kam der Kellner, ich bezahlte und verließ die Kneipe so, wie ich es mir vorgestellt hatte. Ich konnte mir in den Rücken sehen und fand mich gut.

Draußen plötzlich ein kräftiger Regenguß. Ich stellte mich in eine Haustüre, sonst hätte ich mir mein teures Jackett versaut. Geschenk von meiner Mutter zum Abi. Über der Innentasche steht Polo by Ralph Lauren. Muß teuer gewesen sein. Aber naß geworden war es doch, ganz schön sogar. Ich mache mir nichts aus teuren Klamotten, aber meine Mutter dafür um so mehr. Jedenfalls hatte der Guß mich auch innerlich abgekühlt. Jetzt würde ich Christoph die Hand um die Schultern legen, und er würde sagen, laß sein Alter, ich habe nichts mit deiner Marie Louise, laß uns in den Puff gehen ..., damit würde er mich kampfunfähig machen. Mir würde nichts mehr einfallen, aber ich wäre zufrieden ... Ich blickte auf die Uhr. Noch fünfzehn Minuten bis zu unserer Verabredung ...

Bist du verrückt? sagte Christoph. Wie kannst du annehmen, ich würde dich mit Marie Louise betrügen? Woraus schließt du, ich hätte dich betrogen, welchen Anlaß habe ich dir dafür geliefert? Weil du mir aufgetragen hast, ihr die Briefe zu übergeben? Und bei der Gelegenheit hätte ich mit ihr geschlafen? Mach dir klar, was du glaubst und annimmst, bist du, was du an Mißtrauen zusammengesammelt hast, bist du, immer nur du. Und das ist dein Problem. Basta. Habe im Moment mit eigenem Mißtrauen zu tun, habe eigene Probleme, mehr als genug, und brauche nicht noch deine.

Ich habe nicht ein Wort gesagt ...

Aber dein Gesicht sagt alles ...

Sorry.

Auch sorry.

Probleme mit deiner Geigerin?

Ja.

Erzähle.

Da gibt's nichts zu erzählen, außer, daß ich verrückt geworden bin. Habe meinen Kopf verloren.

Und nun suchst du ihn.

Richtig.

Aber du findest ihn nicht.

Woher weißt du?

Weil ich das kenne mit dem Kopf ...

Aber nicht das mit dem Orgasmus. Wir leben in einer verrückten Zeit. Die Damen bekommen heutzutage Kinder ohne Orgasmus, ohne Samen; man blickt ihnen nur tief in die Augen, und schon sind sie schwanger.

Das ist neu …

War mir auch neu, aber man lernt.

Und?

Und der Orgasmus macht keinen Spaß mehr, der Samenerguß ist nicht mehr mit schönen Gefühlen verbunden, er kommt, und Schluß … Er machte eine lange Pause. Und Liebe ist nicht mehr mit Glück verbunden, man liebt, und Schluß. Das Herz rast nur noch für den Zorn …

Du sprichst in Rätseln …

Weil alles, was ich in den letzten Monaten erlebt habe, ein Rätsel ist. Vielleicht kannst du es lösen? Mir ist etwas Unglaubliches passiert. Wo fange ich an. Es braucht nicht viel, den Klassenbesten zu überrunden, du hast es geschafft, erfolgreicher, glücklicher zu sein, als ich es bin. Ich freue mich für dich, ein erfolgreicher Kameraassi, keine Spur von Eifersucht, es wird mir wieder einmal klar, daß das Leben keineswegs verläßlich ist in bezug auf Erfolg oder Glück. Du hast im Augenblick mehr davon, von beidem, Erfolg und Glück. Es gab mal eine Zeit, da erschien mir alles zweitrangig gegenüber dem Erfinden von Geschichten, das war die Zeit, als ich Schriftsteller werden wollte, und ich dachte, es sei eine Schande, sich mit etwas anderem zu beschäftigen als Geschichten; welch glücklicher Umstand, ich, der Schriftsteller, forme das

Leben in meinen Geschichten; nun formen die Geschichten mein Leben. Und das Schlimme daran, die Lust auf Geschichten ist mir abhanden gekommen, seit ich erlebe, was ich erlebt habe. Capito? Tierisch einfach. Der werdende Schriftsteller ist tot. Und er wird auch nie wieder auferstehen. Tierisch geil. Ich steh' im Regen und warte auf sie. Das Beknackte ist, ich liebe sie ... Sie hatte das Max-Bruch-Violinkonzert gespielt, grandios, mit dem NDR-Orchester, und ich bin danach mit ihr nach Sierksdorf gefahren, hinterm Hansaland gibt's einen Weg zum Meer, da bin ich hin, in meinem alten Volvo. Auf der Kassette hörten wir sie noch mal mit dem Bruch-Konzert. Max Bruch im Kopf und in den Ohren, sie an meiner Seite. Auf diesem Feldweg, nachts, der abschüssig ist, bin ich raus, liebestoll, Max Bruch im Ohr, verrückt nach ihr, ein Kind, ein Kind, geschwind, laß uns eins machen, Tür auf, ums Auto rum, zum Beifahrersitz, Rock hoch, Hose runter, ich liege auf ihr, und los geht's, halt, halt, beinahe ging's los, aber was geschah? Der Wagen fängt an zu rollen, langsam erst, schneller, noch schneller, Handbremse, wo ist die Handbremse, ich komme da nicht ran, sie liegt über ihr, vergessen das Kind, ein tierisch beschissener Anfang einer Nummer, über der Handbremse liegt sie, und dort kommt der Bahnübergang, ich sehe uns schon vom Zug überrollt, ich mit meiner hängenden Hose und nacktem Arsch, halte mich am Steuerrad und ihr fest, ja, ja, lache nur, angle nach der Handbremse, zwischen ihren Beinen kriege ich sie zu fassen, im letzten Augenblick ziehe ich sie hoch, fliege nach vorn, knalle mit dem Kopf an die Türe, fliege im hohen Bogen aus dem Wagen, dort liege ich, kurz vorm Bahnübergang, der Wagen steht, er wenigstens steht, bei mir steht nichts mehr. Soweit der lustige Teil. Aber nun sie. Sie ist schwanger, seitdem. Sie war beim Arzt. Wie hat er das festgestellt? Urinprobe? Auch. Wirklich mit Urin? Ja. Aber ich habe keinen Orgasmus gehabt, wie? Doch du hast. Ich habe? Ja, du hast. Woher willst du das wissen? Überall dein Samen … Aber Liebes, ich schwöre, ich habe keinen Orgasmus gehabt und ohne Orgasmus keinen Samen. Und so steht jetzt die Frage: War es zum Orgasmus gekommen oder nicht, ich sage nein, sie sagt ja. Und sie ist eine wunderbare Frau, kein Flittchen, ich glaube und vertraue ihr, alles unbesehen. Aber auch in diesem Falle? Ich liebe sie; ich möchte Vater werden, möchte ein Kind von ihr. Aber, aber. Ich schwöre, es gab keinen Orgasmus, sie schwört, es gab ihn, kurz vorm Bahnübergang. Du kannst dir das Bild vorstellen, wie ich mit nacktem Arsch aus dem Wagen hänge, die Beine schleifen den Berg runter, über Stock und über Stein, gefesselt in der runterhängenden Hose meine Beine, meine Füße, und so soll ich einen Orgasmus gehabt haben, so soll ich Vater geworden sein? Ist Kindermachen ein Joke? Wenn sie also ein Kind kriegt, dann nicht von mir, und wenn sie's nicht von mir kriegt, von wem dann? Die Folge dieser merkwürdigen Schwangerschaft: Ich habe Furcht, daß es einen richtigen Vater gibt, ich habe Furcht, daß sie mich seinetwegen verlassen könnte, so viel Furcht gibt es gar nicht, wie ich habe. Und ich habe so viel Furcht, weil ich sie liebe. Das ist das Raffinierte an ihr, sie hat mich mit Furcht und Mißtrauen aufgeblasen, wie'n Luftballon; sie hat es geschafft, daß ich in ihrem Netz zapple; klug wie sie ist, läßt sie mich zappeln, dumm wie ich bin, zapple ich. Plötzlich erklärt sie mir, leise in mein Ohr, sie sei schwanger, sie sei beim Arzt gewesen ... Dieses Weib hat aus mir einen Idioten gemacht. Ich laufe nachts tierisch blöde durch die Straßen und suche meinen Kopf, meine Sinne. Wie kann ich Vater werden, ohne einen Orgasmus gehabt zu haben? Unbefleckte Empfängnis? Habe ich es mit einer Heiligen zu tun? Sie spielt zwar Geige wie eine Heilige, aber kriegt sie auch Kinder wie die Heilige? Mit Max Bruch in den Ohren, den Berg abwärts, haben wir am Bahndamm tierischen Bruch gemacht und keinen Orgasmus gehabt. Oder? Vielleicht als der Wagen auf den Bahnübergang zuraste? Als ich mit der Birne an die Türe knallte? Sollte ich dabei solche Lustgefühle entwickelt haben? Ich frage sie: Wer ist der Vater? Sie behauptet Stein und Bein, ich sei es, und ich behaupte Stein und Bein, ich bin es nicht. Aber ich adoptiere das Kind ... jawohl, ich adoptiere es, sage ich, und sie lachte und lachte. Sie ist gestern nach New York geflogen, um den Bruch auch dort zu spielen, in New York gibt's viel Meer und abschüssige Straßen, tu mir das nicht an, sagte ich ihr, wenn schon Bruch, dann nur Max und im Konzertsaal und nicht auf abschüssigen Straßen ... Und nun? Überall in Hamburg liegen meine blöden Gedanken herum, bück dich, heb sie auf, schmeiß sie in die Alster oder auf den Müll, da gehören sie hin, denn sie sind nichts wert. Ich komme aus diesem Knäuel von Gefühlen nicht mehr heraus. Bisher hat Logik mein Leben bestimmt, jetzt Idiotie. Wieso sagt sie überhaupt, sie sei schwanger, ich liebe sie auch so.

Sofort hatte ich den Gedanken im Kopf, Christoph erzählte mir die Geschichte nur, um mich abzulenken, eine Geschichte, die er nie erlebt hat. Er weiß, wie er mich zu behandeln hat. Als ob er sagen wollte, sieh, das Leben ist voller Widersprüche, du liebst Marie Louise und ich meine Geigerin, und beide sind wir unglücklich und irgendwie komisch und trostlos, und beides hat eigentlich nichts mit Liebe zu tun, aber das ist die Liebe. Das ist die Liebe. Ach, Marie Louise, wie vermisse ich dich. Als hätte Christoph meine Gedanken gehört, sagte er, übrigens, deine Briefe sind wunschgemäß abgeliefert worden, sie wohnt jetzt in Altona, und letzte Woche hat sie sie bekommen. Eine ältere Dame hat sie in Empfang genommen und versprochen, sie zu überreichen. Hier ist ein Brief von ihr.

Ein Brief von ihr?

Er holte den Brief aus seiner Jackettasche, zerknittert, fuhr mit der Handfläche darüber, um ihn zu glätten, dabei sah ich ein leichtes Zittern seiner Hände, sieh an, ich werde ihm glauben müssen, seine Orgasmusgeschichte scheint zu stimmen, Hände erzählen die Wahrheit, schob ihn mir über den Tisch, blaues Couvert, ein blauer Brief, ein Kündigungsbrief, aber nein, das ist Vergangenheit, das mit der Kündigung ist vorbei, war in Berlin, war bei Holger, nicht hier bei meiner Hamburger Regenblume, nein, Christoph, bei mir rast das Herz für die Liebe, beim Zorn steht es still, und meins beginnt wie verrückt zu rasen, für die Liebe, soll ich mit dem Aufreißen noch warten? Oder soll ich gleich? Hätte Christoph sich nicht selbst in so einer verrückten Situation befunden, hätte ich ihn gefragt, was er an meiner Stelle tun würde, weil ich ihn – oder mich – in dieser oder jener Situation immer gefragt habe, was er an meiner Stelle tun würde. Er allerdings hat mich nie gefragt, erfolglose Menschen fragt man eben nicht, aber was heißt erfolglos, er hält mich ja für einen erfolgreichen Kameraassi, und ich werde mich hüten, ihm zu sagen, daß ich nicht so erfolgreich bin, wie er denkt ..., was würde er also an meiner Stelle tun? Den Brief gleich lesen? Gleich lesen oder warten? Ich kann aber nicht warten, ich komme mir vor wie eine Geige, der man Saiten aufzieht und die Saiten spannt, höher und höher, und die Saiten reißen, und wenn ich nicht sofort den Brief aufreiße, reiße ich auch. Ich setze mich so, daß Christoph nicht mitlesen kann, daß er nichts mitbekommen kann, auch nichts von mir. Daß auch meine Hände zittern, nun ja, dann zittern eben unsere Hände ... Ich las noch nicht, meine Augen kreisten um den Brief, soviel hatte ich schon mitbekommen, viel stand nicht drin, aber viel war auch nicht nötig, um Wichtiges mitzuteilen, jetzt waren meine Augen auf der Briefkante, Zentimeter um Zentimeter rutschten sie dem Text entgegen, noch zehn Zentimeter, noch fünf, noch zwei, ich atmete tief durch, noch einer, und?

Lieber Mario,

sei ein Gentleman und vergiß das Niendorfer Gehege, sei ein Gentleman, und hör auf, mir Briefe zu schreiben, sei ein Gentleman, und versprich mir das. Am Zwanzigsten des nächsten Monats werde ich heiraten. Mein Mann würde Deine Briefe als unangenehme Belästigung empfinden. Hör auf damit.

Mit freundlichen Grüßen

Marie Louise.

WWUFF!

Pause.

WWUFF! Eine Explosion im Inneren. Weißer Einschlag. War der Brief an mich gerichtet? Ganz sicher nicht, es hieß zwar, Lieber Mario, aber das mußte ein anderer Mario sein, wie viele Marios gab's in Hamburg? Ich las und las, als ob der Brief hundert Seiten hätte, für Christoph tat ich's, damit er nicht mitbekam, wie kurz, wie hart, wie unversöhnlich diese lächerlichen fünf Zeilen waren, wie eine Kugel nämlich, die ins Herz getroffen hat, WWUFF!, und aus dem Schulterblatt wieder austreten wird, WWUFF!, ich las, wie lange? Fünf Minuten, zehn Minuten, vielleicht saß ich auch nur in meinem Stuhl und dachte gar nichts. Mein Herz jedenfalls stand still, Herzstillstand, mein Kopf war nicht mein Kopf, hatte ich ihn verloren, wie Christoph? Fünf Zeilen, eilig geschrieben, wie unter

Zeitdruck, vielleicht diktiert, fünf Zeilen als Antwort auf mehr als tausend Briefe, fünf Zeilen auf beinahe mein ganzes Leben, fünf Zeilen auf meine große Liebe, fünf Zeilen geben aber nicht genug Wasser her, um das Niendorfer-Gehege-Feuer löschen zu können, diese fünf Zeilen sind erbärmliche fünf Zeilen, zu erbärmlich, um mir zu sagen, wie ich mein Leben in Zukunft ohne dich einzurichten habe, ohne dich, Louischen, fünf Zeilen können mir dich nicht ausreden, Mariechen, fünf Zeilen sind nur fünf Zeilen, sie besagen gar nichts, sie machen auch keinen Sinn, ich vergesse sie auf der Stelle. Meine Gedanken flackerten nur, aber immerhin flackerten sie, wer ist der andere, wieso ist da ein anderer, wieso und warum? Wer will am Zwanzigsten des nächsten Monats heiraten? Und soweit kommt es noch, daß er meine Briefe empfinden darf, sie gehen ihn nichts an, wenn er sie aber als unangenehme Belästigung empfinden will, dann soll er sie lesen, unangenehm will ich ihm und seiner geheuchelten Liebe zu meiner geliebten Marie, der nassen Hamburgblume, unbedingt werden, denn seine Liebe, verglichen mit meiner, ist nichts wert, sie ist gegen meine gar nicht vorhanden. Für mich ist der ganze Kerl nicht vorhanden, diese tierisch dumme Kreatur, die sich in meiner Abwesenheit an mein Louischen ranklotzte und die sich diese tierisch dummen fünf Zeilen ausgedacht, sie diktiert, vielleicht selbst geschrieben hat, dieses Miststück! Dieses gemeine, niederträchtige Miststück! Und das wird meine blaue Briefeschreiberin schon noch mitbekommen, daß es mit ihm kein Glück, keine Liebe geben kann, das wäre ein tierisch idiotischer Irrtum, nur mit mir, Mario, dem Zauberer, gibt es Liebe und Glück, oder bin ich ein Idiot auf dieser Welt? Wenn ich jemals ein Idiot auf dieser Welt war, dann ist es in diesem Augenblick damit vorbei. Ich werde ihr dabei behilflich sein, ihn loszuwerden, ein für allemal, das werde ich! WWUFF! Das erste Mal in meinem Leben fühlte ich mich dem großen Christoph gegenüber stark und überlegen, fünf Zeilen können schon genügen, um einen stark zu machen, den Rausschmiß von Berlin werde ich nicht nur verkraften, er wird mich noch stärker machen, stärker, als ich es je war. Wir mögen, Christoph und ich, vor wenigen Augenblicken noch kopflos gewesen sein, wir mögen noch vor wenigen Augenblicken ein und dieselbe häßliche Person gewesen sein, Christoph, der große Christoph, ist eben gelegentlich auch nur eine kleine häßliche Person, wie ich, Mario, es nicht nur gelegentlich, sondern fast immer bin; ich sollte unbedingt sagen: war, Vergangenheit, denn auch mit der häßlichen Person ist es vorbei, die große Liebe kann einen unheimlich stark machen, wenn sie mit fünf Zeilen aufgewogen werden soll oder mit einem Orgasmus, der keiner war, meine blaue durchgefrorene Marie, meine Winter-Marie, du gehst durch schwere Zeiten mit diesem Menschen, den du bald wieder los sein wirst, das verspreche ich dir, du gehst … egal, jetzt ist es mit kopflos vorbei, ich werde dir was sagen, Marie, du wirst mich schon morgen um Verzeihung bitten, du wirst …

Halt, halt, halt, halt!!! Und nochmals: Halt, halt, halt, halt!!! Meine Gedanken verlangsamten sich, langsamer, noch langsamer, dann stoppten sie, wie ein Rad, das stehenblieb. Ein Rad, das sich nun wieder zu drehen begann, aber in die entgegengesetzte Richtung. Ich dachte verkehrt, falsch, in die entgegengesetzte Richtung muß ich denken, unsere angebliche gemeinsame Leidensgeschichte ist gar keine Leidensgeschichte für ihn, Christoph, nur für mich, Mario, den gefeuerten Kameraassi. Warum und wieso ist da ein anderer, warum und wieso will ein anderer Marie Louise am Zwanzigsten des nächsten Monats heiraten? Wir wollen doch Menschen werden, und da müssen wir durch Höllen gehen, hatte mir Christoph mal gesagt, ja, das sagte er, durch Höllen gehen. Warum fallen mir die Schuppen so spät von den Augen? Die ganze Geschichte mit der Geigerin stimmt nur in etwa, wieso glaubte ich sie ihm? Wieso glaube ich Christoph alles und immer und unbesehen? Das ist keine Geschichte, derentwegen Christoph durch Höllen ginge, die ihn leiden ließe oder mit Mißtrauen erfüllte, gewiß nicht, das ist eine Geschichte, über die er innerlich lacht und die er mir gleichzeitig als Tragödie serviert, warum erzählte er mir überhaupt diese Geschichte? Was bezweckte er damit? Am Zwanzigsten des nächsten Monats wird Marie Louise heiraten, es wird doch kein Geheimnis bleiben, wenn er, Christoph und kein anderer, sie am Zwanzigsten des nächsten Monats heiratet? Was geht in seiner dunklen Seele vor? Hat er überhaupt eine? Auch wenn ich mich um eine gewisse

Logik bemühe und sage, er wollte mir den Einstieg in ein trostloses Leben ohne Marie Louise zunächst erleichtern, um mir morgen oder übermorgen die Wahrheit und nichts als die Wahrheit zu sagen, liege ich verkehrt. Und so ist er auch wieder so, wie er immer war, das Gegenteil von kopflos, mit mehreren Köpfen, auf mehreren Ebenen hat er sich diese Sauerei ausgedacht, eine gemeine Kopfnummer; wie soll er Vater ohne Orgasmus werden? Einen Joke hat er mir erzählt, und ich war dabei gewesen, ihm diesen Joke zu glauben. Der hemmungslose Gesprächsanfang, ein typischer Christophanfang, sofort, ohne zu zögern, ich solle ihn nicht verdächtigen, beschuldigen, das würde er seinem besten Freund nicht antun. Woher wußte er, daß ich ihn verdächtigte, wieso ging er davon aus, ich hatte ja bis dahin kein Wort gesagt? Und mein Gesicht sagte alles? Lächerlich. Er selbst hat diese fünf dümmlichen Zeilen geschrieben, in deinem Namen Marie Louise, Schande über ihn, so etwas hättest du nie geschrieben; und er kennt meine Briefe an dich, jede Zeile kennt er, auswendig, bei seinem Gedächtnis, aber das hat ihm nichts ausgemacht; nochmals Schande über ihn. Es ist so gekommen, wie ich es vermutete, befürchtete, aber nicht wirklich glauben wollte. Wieder einmal bin ich auf ihn hereingefallen und du Marie Louise auch. Wir beide sind Opfer eines gemeinen Menschen, der vorgibt, mein bester Freund zu sein. Meint er, mir Höllen bereiten zu müssen, durch die ich gehen muß, damit er dich, Marie Louise, im siebenten Himmel schwängern kann? Ohne den nackten Arsch aus dem Auto hängen zu lassen? Ohne herunterhängende Hose? Ohne mit seiner Birne an die Autotür zu knallen? Miststück! Hätte ich eine Pistole bei mir, ich würde ihn auf der Stelle erschießen. Nie habe ich das bei mir, was ich gerade brauche. Ich bin eben ein Versager. Eine Niete. Da ist ja Schuldlos-gefeuert-Werden noch eine Anständigkeit gegen diesen Verrat, Holger du bist mit deinen beknackten Lackschuhen ein Engel gegen Christoph ... Ihr werdet eine gemeinsame Liebe haben, ihr werdet euch beide um dieselbe bemühen, dein Freund wird sie heiraten, aber ihr werdet Freunde bleiben, hatte die Wahrsagerin gesagt, ihr werdet Freunde bleiben, das glaube ich nicht, unter keinen Umständen will ich ...

Alles okay? unterbrach mich Christoph.

Was?

Du bist mit deinen Gedanken ...

Ja, ich bin mit meinen Gedanken bei dir, dachte ich. Du bist es, du und Marie Louise, du willst sie am Zwanzigsten des nächsten Monats heiraten, dachte ich, und faltete den Brief, steckte die fünf Zeilen in meine Westentasche ...

Du bist mit deinen Gedanken woanders.

Pause.

Schweigen.

Hast du mich mit Marie Louise betrogen?

Warum fragst du?

Weil ich's wissen will ...

Bist du ein Masochist? Die Frage habe ich bereits beantwortet.

Dann beantworte sie noch mal. Nur mit ja oder nein. Hast du mich mit Marie Louise betrogen?

Nein.

Das ist die Wahrheit?

Ja.

Hast du mit ihr geschlafen …

Du bist verrückt, Mario …

Hast du mit ihr geschlafen?

Ich antworte nicht …

Wahrscheinlich wirst du mir antworten, ich habe dich nicht mit ihr betrogen, weil sie schon immer meine Marie war, sie gehörte nie zu dir, immer nur zu mir, Christoph, seit wie lange? Seit vielen Jahren, du warst nur so ein armer Idiot, der nichts mitbekommen hat … Wir hofften, daß du allein dahinterkommst, aber du warst blind vor Liebe … mit deinen blödsinnigen Briefen bist du uns auf den Keks gegangen … du bist es also, der am Zwanzigsten des nächsten Monats heiraten will oder richtiger, du willst gar nicht am Zwanzigsten heiraten, diesen Termin hast du mir nur gesetzt, damit ich mich sofort aufmache und aus eurem Leben verschwinde …

Pause.

Schweigen.

Mario, du bist wirklich verrückt …

Dann war die Geschichte mit der Geigerin nur Bluff …

Ich möchte dir folgendes sagen …

Wahrscheinlich bin ich wirklich ein armer Idiot. Warum weiß ich, daß du mich betrogen hast? Ich weiß es hundertprozentig. Und ich weiß, daß du es nicht zugeben wirst, nie und nimmer wirst du etwas zugeben, ich kenne dich …

Laß uns morgen darüber reden …

Auch morgen wirst du es nicht zugeben …

Christoph stand beinah heiter auf. Ich sah ihn von hinten, in Siegerpose. Viele Wege führen zum richtigen Resultat, er hatte auf merkwürdigen, verschlungenen Wegen das richtige Resultat erreicht, ich wußte nun, daß er und Marie Louise …, und er wußte, daß ich es wußte …, mehr Gewißheit war für ihn nicht nötig. Er ging, ohne sich zu verabschieden oder sich umzudrehen … Seine Rechnung war aufgegangen.

Es begann zu regnen, und ich fröstelte. Ich knöpfte den obersten Hemdknopf zu, und wie von selbst schrieb ich an Marie Louise.

Marie Louise,

meine ferne Geliebte, meine nicht mehr existierende Geliebte, meine dennoch Angebetete, was bete ich an? Oh, Marie, ich habe mich in Deinen Augen zutiefst entwürdigt, habe geliebt ohne Gegenliebe, habe Briefe geschrieben, die Du nicht mochtest, habe Dich und Deine Seele für mich allein beansprucht, welch ein Egomane, der Mario aus Eppendorf, der nie ein vergessender Gentleman werden wird, handle Du wenigstens würdig, und gib zu, daß Du diese lächerlichen fünf Zeilen nicht geschrieben hast. Wenn ja, wenn doch, was, schlägst Du vor, soll ich machen? Das, was die fünf Zeilen fordern, ich solle zum Beispiel das Niendorfer Gehege ver-

gessen? Wie kommst Du auf das Niendorfer Gehege, da Du doch weißt, es war das ‚Eppendorfer Moor? Beste Marie, das kann mir nicht gelingen, auch bei größter Anstrengung nicht, nein, geht nicht, es sei denn, ich finde einen Seelenoperateur, der bei mir eine Totaloperation durchführt, dann vielleicht könnte mir das Vergessen gelingen. Dann aber auch nur vielleicht, denn welcher Operateur weiß schon, was eine Seele ist, nicht mal die Dichter und Philosophen wissen es, und was könnte er, der Operateur, mir als Seele womöglich fälschlich herausschneiden? Ich traue diesen Chirurgen ohnehin nicht, nicht mal bei bekannten ordinären Organen, und ausgerechnet bei der Seele sollte ich Vertrauen haben, ist es das, was Du vorschlägst? Daß ich mich einem Seelenmörder und dessen Messer ausliefere? If I knew things would no longer be I would have tried to have remembered better, Du kennst den Satz, er ist aus … So vergesse ich immer weniger, behalte alles immer gründlicher, alles um Dich, meine Gedanken suchen die nichtexistierende Geliebte, und sie kehren zu mir zurück und bestätigen mir, daß ich glücklich zu sein habe, damals, heute und ewig, im Niendorfer Gehege (Eppendorfer Moor) eine Geliebte gehabt zu haben, die so war, wie Du warst. Immer und immer wieder aufs neue erlebe ich diese dramatische und aufregendste aller Nächte im Moor; dann die vermißte Uhr, das Gelingen und unser Stammeln: Ich liebe Dich, ich liebe Dich, o Marie Louise, was für einen Helden haben wir gezeugt, so hoffe ich, alles sprach dafür, vielleicht Dich noch einmal, eine Tochter, diese wenigstens für mich, mit den schönsten weißen Kniestrümpfen hätte ich sie ein Leben lang versorgt, denn sie hätte bestimmt Deine Beine, Deine Figur, Dein Lächeln, Deine mir unbekannten Oh-

ren … Du siehst, hier stehe ich nun und kann nicht anders, Gott helfe mir. Amen.

Dein Dich niemals vergessender Mario.

PS. Alles, was ich an Briefen noch habe, alles, was ich hier niedergeschrieben habe, werde ich nicht verbrennen, nein, ich werde es bemalen, übermalen oder, wenn mir farbig zumute ist, sie mit Farbe versehen, und vielleicht sollte ich malen wie Detlef, Abstraktes und Konkretes, Lesbares und Unlesbares, malen als Therapie, den gehörnten Mario, gelber Hintergrund, den vielfach idiotischen Mario, schwarzer Hintergrund, Marie Louise rot, gelb, grün, weiß, nur mit Strichen angedeutet, lila die gesichtslose Marie Louise, den zum Tier verwandelten Mario, brauner Hintergrund, den untergehenden Mario, im Moor, ebenfalls brauner Hintergrund. Die ziellosen Bilder des Mario, die zu Farben gewordenen Gefühle, so bekommen die ungelesenen Briefe als Bilder wieder ihren Sinn … Mario mit dem blödesten Gesicht der Welt, so sieht er aus, der gefeuerte Kameraassi, der gehörnte, gefeuerte Mario aus Eppendorf, erkennbar oder nicht erkennbar, auf den Zeilen dieser Liebesgeschichte sein häßliches Konterfei, ein vergessener Mario.

Mein großes Weltwunder,

ich stelle mir vor, Du lädst mich zu Deiner Hochzeit ein … Oh, Marie, würdest Du das fertigbringen? Vor Deinem Fenster zünde ich das Herbstlaub an und stürze mich mit Freuden hinein, als Hochzeitsgruß siehst Du meinen Körper verbrennen, und der Qualm zieht über Dein Haupt ins Jenseits. Ja, Liebste. Wenn ich nun doch lieber nicht springen würde, sollte ich Deiner Einladung dennoch folgen? Ich glaube, ich wäre so schwach und hätte den Wunsch, in Dei-

nen Augen stark zu sein. Also käme ich. Blöde wie ich bin, aber nur kurz. Ich würde das Feuer unten vorm Fenster anzünden. Ich stieße mit Euch beiden an, auf Euer Wohl, und dann würde ich mich verabschieden, ich hätte noch zu tun oder ich müsse nach Berlin, solche Lügen würden mir schon einfallen. Aber vielleicht wäre ich besser und würde sagen, daß mir Euer Hochzeitsfest nicht gefällt, am wenigsten die Mitwirkenden, und deswegen gehe ich jetzt und sehe mir Autonummern an, das ist immer noch mehr Spaß. Tschüs! Autonummern, riefe ich Dir im Weggehen zu, ein gutes Mittel gegen Eure Hochzeit, die präge ich mir ein, damit ich Euch vergesse! Und nun Dein Gegenangriff. Warte einen Augenblick, sagst Du, und Du kommst mit einem Karton um die Ecke Eures Balkons, immer kommst Du um Ecken, und schüttest den Inhalt ins Feuer. Wie weiße Vögel fliegt alles dem Feuer entgegen. Meine Briefe. Ungeöffnet. Nie gelesen. Und nicht ich fliege oder qualme über Dein Haupt ins Jenseits, meine Liebe tut es. Noch einmal wird mir warm, denn meine Liebe hat mich immer gewärmt, und ich blicke nach oben und sehe die schwarzen Fetzen meiner Liebe im Himmel verschwinden. Und nun ist mir bitterkalt. Ich stehe da und kann nicht einmal weinen. Oder nur ein bißchen.

Dein Mario aus dem Himmel.

Auf dem Wege nach Hause überraschte mich der Himmel aufs neue, er schüttete sein Wasser über mich aus, als wollte er mich bestrafen, wofür? Und ich ließ es geschehen, ich stellte mich unter keinen Baum, in keine Tür. Ich war bis auf die Haut durchweicht. Zu Hause öffnete mir meine Mutter, sie umarmte mich und wurde von der Umarmung selbst pudelnaß. Sie machte mir eine heiße Ovomaltine, fragte nichts, und ich öffnete meine Post. Einen Brief hätte ich beinahe übersehen. Seinen Inhalt kannte ich. Er lautete:

Wir heiraten am 20. August 1997
Christoph Tiekow   Marie Louise Normann.
Kirchliche Trauung um 16.30 Uhr in der St. Nicolai-Kirche zu Grömitz, Königsredder 15.
Kein Polterabend.

Der List Verlag ist ein Unternehmen
der Econ & List Verlagsgruppe

ISBN 3-471-79382-8

Lektorat: Margit Stragies
Gesetzt aus der Bembo
bei Franzis-Druck GmbH, München
Druck und Bindung: Graphischer Großbetrieb, Pößneck